aufbau taschenbuch

AUFBAU VERLAGSGRUPPE

LENKA REINEROVÁ wurde 1916 in Prag geboren. Seit 1936 arbeitete sie als Journalistin für die *Arbeiter-Illustrierte-Zeitung (AIZ)*. 1939 floh sie nach Frankreich, wo sie wie viele Emigranten interniert wurde. Über Marokko entkam sie nach Mexiko. Nach Kriegsende kehrte sie mit ihrem Mann, dem Schriftsteller und Arzt Theodor Balk, nach Europa zurück, lebte einige Jahre in Belgrad und seit 1948 wieder in Prag. Anfang der fünfziger Jahre wurde sie ein Opfer der stalinistischen Säuberungen, verbrachte fünfzehn Monate in Untersuchungshaft, wurde danach mit ihrer Familie in die Provinz abgeschoben und erst 1964 rehabilitiert. Nach dem Ende des Prager Frühlings erhielt sie Schreibverbot, wurde aus der Partei ausgeschlossen und verlor ihre Arbeit in einem Verlag. Sie lebt in Prag.

1999 erhielt sie als erste den Schillerring der Deutschen Schillerstiftung. 2002 wurde sie Ehrenbürgerin von Prag.

Zuletzt erschienen die Erzählungbände: *Das Traumcafé einer Pragerin* (1996), *Mandelduft* (1998), *Zu Hause in Prag – manchmal auch anderswo* (2000), *Alle Farben der Sonne und der Nacht* (2003), *Närrisches Prag* (2005). Außerdem liegt die CD *Lenka Reinerová liest Mandelduft* (Der>Audio<Verlag, 2005) vor.

Die Melantrichgasse ist eine schmale Straße im Herzen Prags. In dem Haus Nr. 7 bezog Lenka Reinerová 1936 eine winzige Mansarde, wenige Meter entfernt vom Geburtshaus Kischs. Bald sollte sie ihn auch kennenlernen. Er und andere Schriftsteller und Künstler, vor allem deutsche Emigranten, trafen sich im Bert-Brecht-Klub, in den Kaffeehäusern und in der Redaktion der AIZ. Hier wurde Lenka Reinerová mit gerade neunzehn Mitarbeiterin und Schülerin F. C. Weiskopfs. Wie er emigrierte sie 1939, zunächst nach Paris, wo bereits die Kischs, Bodo Uhse und Anna Seghers lebten. Von New York aus bemühte sich Weiskopf um die Rettung der Freunde. Einer nach dem andern konnte aus dem besetzten Frankreich entkommen, und eines Tages erreichte auch Lenka Reinerová das ersehnte Telegramm: »Visum und Schiffskarte für Mexiko unterwegs. Erwarten dich. Bodo Uhse.«

Lenka Reinerová erinnert sich an die Gefährten von einst, und sie erzählt von ihnen, »damit man sie noch ein wenig besser kennenlernt, denn nicht alles kann man aus ihren Büchern erfahren«.

Lenka Reinerová

Es begann in der Melantrichgasse

Erinnerungen an
Weiskopf, Kisch, Uhse
und die Seghers

Aufbau Taschenbuch Verlag

Mit 11 Abbildungen

ISBN-10: 3-7466-2204-2
ISBN-13: 978-3-7466-2204-0

1. Auflage 2006
Aufbau Taschenbuch Verlag GmbH, Berlin
© Aufbau-Verlag Berlin und Weimar 1985
Umschlaggestaltung gold, Fesel/Dieterich
unter Verwendung eines Fotos von Jens Rötzsch, Ostkreuz
Druck Oldenbourg Taschenbuch GmbH Plzeň
Printed in Czech Republic

www.aufbau-taschenbuch.de

Inhalt

Vorbemerkung

In der Melantrichgasse hat eigentlich alles begonnen. Sie ist eine sehr alte Straße im Herzen Prags, zwischen dem Brückel (Můstek) am unteren Ende des Wenzelsplatzes und dem Altstädter Ring. Benannt wurde sie nach dem tschechischen Drucker Jiří Melantrich von Aventin, der dort im Jahre 1563 ein prächtiges Haus im Renaissancestil erbauen ließ, rund zweihundert Bücher herausgab, an dreißig Schriftsätze besaß und in mehreren Sprachen druckte.

Ein Drucker!

Am Ende des 16. Jahrhunderts wurde in der Druckerei eines Daniel Sedlčanský, gleichfalls in der Melantrichgasse, bereits eine Zeitung mit dem schlichten Titel *Noviny* hergestellt.

Also ein Drucker und eine Zeitung!

Aus demselben Jahrhundert stammt in der Melantrichgasse auch das Haus mit der Konskriptionsnummer 475–1 und einem in Stein gehauenen prachtvollen Renaissanceportal *Zu den zwei goldenen Bären*. Dort lebte sehr viel später der Tuchhändler Hermann Kisch, dort sind seine fünf Söhne auf die Welt gekommen, von denen einer den Namen Egon Erwin erhielt.

Jahre bevor der Kischsprößling Egon Erwin seinen ersten Schrei ausstieß, befand sich schon im sogenannten »Eisernen Tor«, einem Prager Durchhaus zwischen der Melantrichgasse und der Michalská, die Redaktion der *Dělnické listy*, eines der ersten Arbeiterblätter in tschechischer Sprache.

Man bedenke: Ein Drucker, zwei Zeitungen und das Geburtshaus des rasenden Reporters in einem schmalen

Gäßchen, das kaum zwei Häuserblocks lang ist. Wenn das kein Vorzeichen sein sollte!

Als ich Anfang 1936 in der aus Deutschland vertriebenen und in Prag aufgenommenen Redaktion der *Arbeiter-Illustrierten-Zeitung (AIZ)* zu arbeiten begann, beschloß ich, aus der elterlichen Wohnung auszuziehen. Mit wenig Geld und dem Anspruch auf eine möglichst abgeschlossene Unterkunft war das kein einfaches Unterfangen. Nach längerem Suchen fand ich eine Mansarde, die mir sofort gefiel: winzig, aber völlig separat, schräge Wände, aber ein breites Fenster mit einem herrlichen Ausblick über die Dächer der Altstadt bis hin zu den Baumkronen des Petřín-Hügels. Meine neue Behausung befand sich in der Melantrichgasse Nr. 7.

Und so hat hier alles wirklich begonnen. Meine bis dahin spontane, nur einem inneren Bedürfnis folgende Zusammenarbeit mit den antifaschistischen Deutschen erhielt nun die Form einer fest geregelten Mitarbeit, nahm zu an Umfang und Tiefe. Als dann auch ich einige Jahre später aus der Melantrichgasse und aus Prag vertrieben wurde, kamen in verschiedenen Ländern und auf verschiedenen Kontinenten zu den bereits geschlossenen Freundschaften neue hinzu. Sie hielten allen Zerreißproben stand, überwanden Gefängnisgitter und Stacheldrahtverhaue, überbrückten Meere und überdauerten alle unfreiwilligen, von unseren verschiedenartigen Lebensläufen hervorgerufenen Unterbrechungen. All das haben sie ausgehalten, diese einzigartigen Bindungen von Mensch zu Mensch, von Älteren zu Jüngeren und umgekehrt, von Deutschen zu einer Pragerin, von Pragern untereinander und von einer Pragerin zu diesen Deutschen, die sie schätzen und lieben gelernt hatte.

Denn eine Pragerin war ich nicht nur in der Melantrichgasse. Ich war es auch in Frankreich und Marokko, in Mexiko und in Jugoslawien. Und denke ich heute an die Schriftsteller, die meine Freunde geworden sind, an die Stunden und Tage und Jahre, die wir miteinander verlebt haben, oft ehe sie berühmt wurden und auch dann, als sie es schon waren, so tue ich es wiederum von Prag aus. Bei den Erinnerungen an sie werde ich wieder so jung, wie ich es war, als sie mich in ihre Mitte aufnahmen, und fühle trotz aller menschlichen Nähe weiterhin den großen Respekt, den wir ihnen in den dreißiger Jahren bei uns zu Hause entgegengebracht haben. Welch eine Bereicherung waren sie für ihre Gastländer! Die *AIZ*, die Heartfield-Montagen, der Malik-Verlag und unser gemeinsamer Bert-Brecht-Klub in Prag. Die Zeitschriften, Diskussionen mit namhaften Autoren in Cafés und auf internationalen Kongressen, die Abende in der Salle Pleyel in Paris. Der Heinrich-Heine-Klub in der Calle Venustiano Carranza, die Zeitschrift *Freies Deutschland* und der Verlag El Libro Libre in Mexiko.

Viele dieser seltenen, das Leben mit ihrer Kunst schöner gestaltenden Menschen weilen nicht mehr unter uns.

Gerade deshalb erzähle ich von ihnen, damit man sie noch ein wenig besser kennenlernt, denn nicht alles kann man aus ihren Büchern erfahren, und damit man versteht, warum ich von Prag aus so oft und mit solcher Wärme an sie denke.

Vielleicht wird dabei auch offenbar, wieso eigentlich alles in der Melantrichgasse begonnen hat.

Lenka Reinerová

FCW's Höllenbeamter
mit dem auswechselbaren Kopf

Könnte man es als ein Kunststück bezeichnen, wenn jemand
imstande wäre, seinen Kopf auszuwechseln? So etwas wäre
wohl eher das Ergebnis von Durchtriebenheit und über-
spitzter Schlaumeierei. Oder vielleicht ein durchaus gott-
loses Verlangen, der Wunschtraum eines von schlimmer Tat
belasteten Gewissens – aber ein Kunststück? Und dennoch:
Ich kenne in diesem Zusammenhang einen ganz besonderen
Fall, habe ihn vor längerer Zeit mitten in Berlin erlebt. Dort
stand ich mit einemmal vor dem furchterregenden Kopf
eines Höllenbeamten und zugleich auch vor seiner durchaus
freundlicheren, beinahe lächelnden Fassung, betrachtete
beide mit gebührender Aufmerksamkeit, aber meine Gedanken machten sich dabei selbständig, wanderten in völlig anderer Richtung davon. Riefen den Mann in mein Gedächtnis
zurück, der mit dem kunstvollen, leicht zugespitzten Köpfchen vor meinen Augen unmittelbar zu tun, ja der es sogar
hierher gebracht hatte, weil es ihm gefiel und weil er es zu
Recht als ein kleines Kunstwerk erkannte. Doch davon soll
erst später die Rede sein. Denn ehe jener Mann dem *Höllenbeamten mit auswechselbarem Kopf* – so lautete die offizielle
Bezeichnung auf dem Schildchen unter der kleinen Gestalt –
begegnete und ehe er ihn käuflich erstand, hat er so viele ungewöhnliche Dinge gesehen, erfahren und selbst vollbracht,
daß dieses merkwürdige Figürchen wohl nur ein amüsantes
Steinchen im bunten Mosaik seiner Erlebnisse darstellte.

Es gibt Persönlichkeiten, die nur mit ihrem Künstlerna-
men, mitunter sogar nur mit einer Verkürzung oder Initia-
len in unserem Bewußtsein verankert sind. Wer macht sich
schon Gedanken darüber, mit welchem Namen Picasso,

Pablo Neruda, Le Corbusier oder Aragon auf ihrem Geburtsschein eingetragen sind? Vor dem zweiten Weltkrieg pilgerten die jungen Menschen in Prag voller Begeisterung ins D_{34}-Theater von E. F. Burian (Emil František? Nun gut!), ins Befreite Theater von V + W (Voskovec und Werich, gewiß!), und als mich im Jahre 1933 ein junger Mann bei einer Versammlung gegen Krieg und Faschismus fragte, wie denn der Redner heiße, dessen witziger Vortrag ihm sehr gefiel, antwortete ich nur: »FCW, ein Journalist und Schriftsteller, übrigens Prager, so wie du und ich.«

Auch der Redner FCW war ein junger Mann, schlank, mit gescheiten hellen Augen und einem schmalen Kopf, der schon damals – mit dreiunddreißig Jahren – fast völlig kahl war. Ein fröhlicher Mensch, der viel für einen Spaß übrig hatte. Seine Widersacher verleitete das manchmal dazu, mehr oder weniger sorglos eine Debatte mit ihm anzufangen. Allein, da waren sie schlecht beraten. FCW war ein gefährlicher Diskussionspartner, unpathetisch und sachlich, mitunter unangenehm bissig und dann gleich wieder liebenswürdig und witzig. Es war unterhaltend, lehrreich und zumeist auch überzeugend, ihm bei einem Wortgefecht zuzuhören. Ich habe nur noch einen anderen Schriftsteller gehört, der ein ebenso hervorragender, geistsprühender Diskutierer war, Ilja Ehrenburg. Beide konnten überdies eine Debatte in verschiedenen Sprachen führen und in jeder mit der gleichen Eleganz und Schärfe.

FCW, für seine näheren Freunde dann bloß FC, der Schriftsteller und Journalist Franz Carl Weiskopf, kam, wie so mancher seiner berühmten literarischen Zeitgenossen, im Jahre 1900 auf die Welt, und zwar am 3. April in Prag. Die gescheiten Augen hatte er von seinem Vater Josef geerbt, leider nicht dessen üppigen Haarschopf und, zum Glück, auch nicht den fesch gezwirbelten Schnurrbart. Mutter Friederike hat ihm den großen, weichen Mund ins Leben mitgegeben.

»In meiner Familie wurde nach dem Vater deutsch, nach der Mutter tschechisch gesprochen«, erzählte FCW einmal.

F. C. Weiskopf, Prag 1936

»Außerdem noch – weil meine Mutter die Französische Revolution, allerdings auch Napoleon bewunderte – viel französisch. Es war eine Familie aus dem alten Österreich.«

Franz Carl gehörte zum letzten Jahrgang, der noch für seinen Kaiser ins Feld ziehen mußte. Er war kaum achtzehn Jahre alt, als er den Gestellungsbefehl erhielt.

Nach dem Krieg kehrte Weiskopf ins heimatliche Prag zurück, absolvierte das Gymnasium und studierte ab 1919 Germanistik und Geschichte an der Philosophischen Fakultät der Karlsuniversität. Er war Mitglied einer Schülervereinigung, später der Marxistischen Gesellschaft und der Freien Vereinigung sozialistischer Akademiker. Von Natur aus eher zurückhaltend, fast scheu, stürzte er sich schon damals mit großem Elan in Diskussionen mit den Herren Kommilitonen, und je erhitzter sie waren, desto wohler fühlte er sich dabei. Er bezeichnete solche Debatten als Training des Geistes oder auch als »Prüfung der Widerstandsfähigkeit der eigenen Ansichten«. Niemals entglitt ihm eine grobe oder beleidigende Äußerung, er überwand seine Gegner schlagfertig, auch dank seiner gründlichen Bildung. Im Jahre 1921 nahm er am Gründungskongreß der Kommunistischen Partei der Tschechoslowakei teil. Auf der historischen Aufnahme von diesem Ereignis kann man im Hintergrund des Saales zwischen zahlreichen weißlichen Flecken auch die hohe Stirn und die funkelnden Brillengläser des Studenten FCW erkennen. Erst zwei Jahre später, 1923, wurde er zum Doktor der Philosophie promoviert.

In der Sowjetunion war F. C. Weiskopf zum ersten Mal 1926. Ein Jahr später veröffentlichte er unter dem Titel *Umsteigen ins 21. Jahrhundert* Episoden von seiner Reise. Später unternahm er noch mehrere solcher Fahrten. Es gibt ein interessantes Foto aus dem Jahr 1930. Damals fand in Charkow eine Internationale Konferenz Revolutionärer Schriftsteller statt. Ihre Teilnehmer wohnten von einer improvisierten Tribüne aus den Feierlichkeiten anläßlich des dreizehnten Jahrestags der Oktoberrevolution bei. Auf der erwähnten

Aufnahme sehen wir in der ersten Reihe eine einzige Frau. Sie hat ein schönes, fein geschnittenes Gesicht – die junge Anna Seghers. Und hinter ihr steht mit grüßend erhobener Hand und – wie denn auch nicht – einem fröhlichen Grinsen auf dem Gesicht der Prager Schriftsteller F. C. Weiskopf. Er steht allem Anschein nach auf einem Kistchen, überragt jedenfalls alle anderen und winkt den vorbeimarschierenden Arbeitern, soweit seine Kraft und Armlänge dazu ausreichen. Damals verlebte er eine glückliche und verhältnismäßig sorglose Zeit. Er ließ sich 1928 in Berlin nieder, wurde Feuilletonredakteur am *Berlin am Morgen*, Mitglied des Bundes proletarisch-revolutionärer Schriftsteller, heiratete im gleichen Jahr die Österreicherin Grete Bernheim, die später unter dem Namen Alex Wedding ihre beliebten Kinderbücher schrieb, fünf Bücher von ihm waren bereits erschienen, an einem sechsten arbeitete er. FCW wollte nicht glauben, daß es die Nazischreihälse wirklich fertigbringen würden, die Macht in Deutschland an sich zu reißen. Und als es dennoch geschah und er wieder in Prag lebte, wollte er eigentlich trotz allem nicht wahrhaben, daß die Menschheit noch einen Krieg zulassen könnte. Er, ein Schriftsteller, Dichter und Journalist, war – zum Glück! – außerstande, sich vorzustellen, was jetzt auf uns alle zukam.

Wie seine große Liebe für die Poesie ihren Anfang genommen hat, weiß ich nicht. Ich habe ihn nie danach gefragt und bedauere das heute. Aber erstaunlicherweise erwähnt das auch keiner der vielen Schriftstellerfreunde Weiskopfs. Vielleicht erschien es allen natürlich, daß dieser feinsinnige junge Mann – er war knapp dreiundzwanzig Jahre alt, als er zu publizieren begann – Lyrik schrieb und übersetzte oder, besser gesagt, dichterisch in eine andere Sprache übertrug. In späteren Jahren reifte FCW zu einem glänzenden Organisator und ungewöhnlichen Diplomaten heran, war durch und durch politisch – und durch und durch Schriftsteller, ein eher stiller Mensch mit Augen, in denen nur selten ein leichtes Lächeln verlosch.

»Unser Freund F. C. Weiskopf hatte etwas von jener scheinbar schwerelosen Heiterkeit, wie wir sie an Mozart bewundern«, schrieb J. R. Becher in seiner Erinnerung an ihn. »Scheinbar schwerelos, sage ich, denn ich weiß, wieviel Schweres er zu ertragen hatte, und trotzdem – er ließ sich nicht niederziehen, nicht herunterdrücken, er hielt sich frei, er hielt sich in der Schwebe.«

Wahrscheinlich wäre FCW mit diesen Feststellungen nicht ganz einverstanden. Er würde wohl sagen, daß sein Leben so schwer ja gar nicht gewesen sei.

Ich lernte Franz und Grete Weiskopf 1933 kennen, in der unruhigen Zeit kurz nach Hitlers Machtantritt. Ich hatte damals mit einer Gruppe deutschsprachiger Kinder in Prag Erich Kästners *Pünktchen und Anton* dramatisiert. Eine offizielle Bühnenversion dieses schönen Kinderbuches stand als Weihnachtsvorstellung auf dem Programm des Prager Neuen Deutschen Theaters. »Meinen« Kindern und mir hatte die Aufführung nicht gefallen, wir fanden sie zu niedlich. Und so beschlossen wir, das Stück selbst zu dramatisieren, einzustudieren und öffentlich vorzuführen. Auf eine briefliche Bitte von mir hatte Kästner dazu sein Einverständnis gegeben. Die Aufführung, bei der ich zum ersten und letzten Mal in meinem Leben auch Regie führte, kam wirklich zustande und fand bei Presse und Publikum einen von uns nie erträumten wohlwollenden Widerhall. Auch FCW widmete ihr eine recht positive Rezension, kritisierte allerdings die »etwas lapidare Dramatisierung«. Das beunruhigte mich überaus, denn der Ausdruck lapidar war mir bisher noch nicht begegnet, und ich befürchtete, der Autor werfe mir vor, den Stoff nicht richtig erfaßt zu haben. Jemand erzählte Weiskopf von meiner Sorge, was ihn – wie er mir viel später einmal sagte – ungemein amüsierte. Kurz darauf besuchte er Wieland Herzfelde, der gerade nach geglückter Flucht aus dem Dritten Reich seinen Malik-Verlag im Konferenzraum der Firma etablierte, bei der ich damals als Bürokraft angestellt war. Mein Arbeitgeber war die Prager Generalvertretung der Papierfabrik Harmanec in der Slowakei. Und eines Tages klopfte FCW an die Tür der Kanzlei, in der ich saß, steckte den Kopf zu mir herein und lud mich für den nächsten Sonntag zum Kaffee bei Weiskopfs ein. »Komm, damit wir uns ein bißchen unterhalten können«, sagte er, »aber keineswegs lapidar.«

In der Wohnung im Prager Stadtviertel Na Rokosce, wo die Weiskopfs damals lebten, traf ich auch das Ehepaar Herzfelde (bei der Gelegenheit erfuhr ich, daß die beiden Frauen Grete und Trude, geborene Bernheim, Schwestern waren). Ich war der Einladung mit gemischten Gefühlen gefolgt, voller Verlegenheit und Erwartung. Als ich ungefähr drei Stunden später – in schwerelosem Zustand, würde J. R. Becher sagen – den Heimweg antrat, war ich sehr zufrieden, ja sogar glücklich. Einerseits wußte ich nunmehr, daß lapidar nichts Vernichtendes bedeutet, andererseits – und das war entschieden das wichtigste – hatten mich alle durchaus ernst genommen, sprachen über meine Zukunftspläne (»... du wirst doch nicht etwa dein Leben lang in einem Büro hocken ...«), und FCW forderte mich sogar auf, etwas für die Zeitschrift zu schreiben, deren Leitung er vor kurzem übernommen hatte.

Ich war noch keine achtzehn Jahre alt, und bisher hatte ich nur mitunter in einer Redaktion um die Möglichkeit einer Mitarbeit nachgesucht. An jenem Tag wurde sie mir zum ersten Mal angeboten. Allerdings verging noch geraume Zeit, ehe diese Fata Morgana für mich zur alltäglichen Wirklichkeit wurde. Von 1936 bis ans Ende der Herausgabe der beiden Zeitschriften nach dem Münchner Diktat im September 1938 arbeitete ich bei Weiskopf in der Redaktion.

Nach ihrem Verbot in Deutschland war die *Arbeiter-Illustrierte-Zeitung (AIZ)* bereits am 18. Mai 1933 von neuem in Prag erschienen, und Chefredakteur war F. C. Weiskopf. Im Jahre 1936 wurde dann im Zuge der breiten antifaschistischen Volksfront- und Antikriegspolitik der Titel der Wochenschrift auf *Volks-Illustrierte (VI)* geändert, und

1938, als die Gefahr eines Angriffs Hitlerdeutschlands gegen die Tschechoslowakei bereits konkrete Gestalt anzunehmen begann, kam noch eine erweiterte tschechische Version unter dem Titel *Svět v obrazech (Welt in Bildern)* hinzu. Auch diese Redaktion wurde von FCW geleitet.

Für heutige Verhältnisse hatte die *AIZ* eine ungemein bescheidene Redaktion. Allein durch die Persönlichkeit ihres Chefredakteurs stand sie bald mit der ganzen antifaschistischen Welt in Verbindung.

Zuerst hausten wir gemeinsam mit der Emigrantenzeitung *Der Gegen-Angriff*, später *Deutsche Volks-Zeitung*, in einer Vierzimmerwohnung in der Letohradská-Straße Nr. 32 im Prager Letná-Viertel, hoch über der Moldau und nicht allzuweit vom Hradschin entfernt. In der Küche stand ein solider großer Kachelherd. Das war der Tisch der Redaktionssekretärin des *Gegen-Angriffs*. Bei der Arbeit mußte sie ab und zu die Füße in das einstige Feuerloch stecken, wollte sie bequemer sitzen. Im Vorzimmer der Wohnung befand sich die Expedition der beiden Zeitschriften. Später übersiedelte die *Volks-Illustrierte* in demselben Stadtviertel in die Skuherského-Straße Nr. 3a, hinter den Strossmayer-Platz, benannt nach dem fortschrittlichen kroatischen Geistlichen und Vorkämpfer für eine Föderalisierung der österreichisch-ungarischen Monarchie. Nun hatten wir eine geräumigere Wohnung, in der dann auch die Redaktion von *Svět v obrazech* untergebracht wurde. Hier gab es sogar eine Dienstbotenkammer. Diesen kleinsten und in der Tat winzigen Raum wollte unser Chefredakteur für sich haben. Ich saß gleich neben der »Chefredaktion« in einem erheblich größeren Zimmer, das ich mit Hermann Leupold teilte, der nach dem Krieg Direktor des Berliner Verlages wurde und der damals meist gut gelaunt und schier unermüdlich unser technischer und Umbruchredakteur in einer Person war.

Der dritte in unserem Zimmer war ein Männchen von schmächtiger Gestalt, mit großen blauen Augen, einer hohen, ständig gefurchten Stirn und Händen, die für einen

Mann fast zu klein zu sein schienen. Doch das war, weiß Gott, nur der Anschein. Dieser Kollege zeigte sich übrigens nur sporadisch in der Redaktion, aber jedesmal wenn er auftauchte, verursachte er einen unsäglichen Wirbel und ausgelassene Fröhlichkeit. Bei den Mächtigen jener Zeit rief er allerdings wiederholt wahre Tobsuchtsanfälle hervor. Er hieß John Heartfield, war unser aller lieber Johnny, der Autor großartiger Fotomontagen, von denen jede Woche eine auf der Rückseite des Umschlags unserer Zeitschrift zu sehen war.

Wenn FCW von seinem Schreibtisch aufstand, stieß er mit der Stuhllehne an die Rückwand seines Arbeitsraums. »Wie ein echter Magnat«, bemerkte er einmal schmunzelnd. »Die pflegen auch große Räume für ihre Sekretärinnen einzurichten, aus Gründen der Repräsentation, versteht sich, und sie selbst nehmen mit kleineren Zimmern vorlieb, in denen man sich gut konzentrieren kann.«

»Aber du hast überhaupt kein Zimmer«, wandte ich ein, »du hast eine elende Kammer.«

»Ich bin ja auch kein Magnat«, antwortete er zufrieden, »und zudem haben wir einen Balkon.«

Dieser Balkon befand sich an unserem Zimmer, und sobald die Luft im Frühling weich und lau zu werden begann, trugen wir meinen kleinen Schreibtisch hinaus, FCW setzte ein rundes Strohhütchen auf, um seinen Kopf vor der Sonne zu schützen, und dann verbrachten wir ganze Nachmittage auf den luftigen zweieinhalb Quadratmetern im fünften Stockwerk über dem großen Hof des Wohnblocks in der Skuherského-Straße, die wiederum nach einem hervorragenden tschechischen Mathematiker des 19. Jahrhunderts benannt war.

Auf diesem Balkon wurde Weiskopfs weitverzweigte internationale Korrespondenz erledigt, Kaffee getrunken und Kuchen verzehrt. Einer unserer Redakteure wohnte im Erdgeschoß des Hauses, und seine Frau buk jeden Tag einen großen Kuchen, braute in einer dickbäuchigen Kanne eine ansehnliche Menge Kaffee, und dieser Leckerbissen, zu dem wir alle finanziell beisteuerten, bildete eigentlich den Grundpfeiler unserer Tageskost, was im Hinblick auf das Monatsgehalt, das wir bekamen – und oft auch nicht bekamen –, von beträchtlicher Bedeutung war. Bei unserer Arbeit an der frischen Luft hatten wir auch viel Spaß, manchmal widerhallte der ganze Häuserblock von unserem Lachen.

Weiskopfs Einfallsreichtum und seine schöpferische Spannweite waren in jenen Krisenjahren wirklich bewundernswert. Er übernahm alles, was seine Freunde aus der deutschen Emigration aus begreiflichen Gründen nicht selbst versehen konnten: im Prager Schutzverband Deutscher Schriftsteller, im Bert-Brecht-Klub, bei dessen Veranstaltungen er meistens den Vorsitz führte und ständig mit den Amtsstellen rang, um eine eventuelle polizeiliche Auflösung des Klubs zu verhüten, im Journalistenverband. Daneben hielt er Vorträge, schrieb Artikel, bei weitem nicht nur für die eigene Zeitschrift, war der Prager Korrespondent verschiedener ausländischer Zeitungen. Jede freie Stunde – mehr Nacht- als Tagesstunden – verbrachte er zudem bei den Manuskripten seiner Bücher. Daneben war er, was schließlich wohl bekannt ist, ein hervorragender Übersetzer tschechischer und slowakischer Poesie – später auch chinesischer – in die deutsche Sprache.

»Du schreibst Romane, schreibst Artikel und übersetzt Gedichte. Was davon tust du am liebsten?« fragte ich Franz einmal.

»Nichts«, antwortete er, ohne zu zögern. »Wenn ich all das nicht schrecklich gern tun würde, könnte ich es wohl überhaupt nicht machen.«

Nach einer Weile fügte er noch hinzu, daß er aber dennoch am liebsten wohl seine eigenen Bücher schreibe. Leider bleibe ihm dafür nicht genug Zeit, weil er auch so gern Zeitschriften redigiere und Artikel verfasse. Am liebsten? Vielleicht doch das Übersetzen von Gedichten.

»Die Romane schreibe ich«, fuhr er fort, »und das ist

richtige Schwerarbeit. Die Poesie anderer entdecke ich und übernehme sie dann gewissermaßen von ihrem Autor, kleide sie in ein anderes Gewand, in eine andere Sprache. So wird das Gedicht dann auch zu meiner Poesie. Und gerade das liebe ich sehr.«

In der Redaktion und bei Sitzungen des Schutzverbands, zu denen mich FC manchmal mitnahm, war ab und zu von seinem Zettelkasten die Rede. Das erweckte natürlich meine Neugierde. Eines Tages entschloß ich mich zu der etwas gewagten Bitte: »Franz, was ist eigentlich dein Zettelkasten? Kannst du mir das erklären?«

Er antwortete nicht gleich, gab vor, in ein Manuskript vertieft zu sein. Endlich hob er den Kopf und sagte: »Da gibt es nichts zu erklären. Aber wenn du Lust hast, dann komm morgen nach der Arbeit mit mir nach Hause. Ich zeige ihn dir.«

Das war mehr, als ich erwartet hatte. Und so kam es zu einem weiteren Besuch auf der Rokoska, den ich mit großer Erwartung antrat. Zu meiner Verblüffung war der Zettelkasten ein richtiger hölzerner Kasten, besser gesagt, eine größere Kassette aus Holz, deren Inneres in zahlreiche, verschieden große Fächer eingeteilt war. FCW hatte sie säuberlich beschrieben: Mode, Architektur, Tischgebräuche, Witze und so weiter. Er arbeitete damals bereits an seinem Romanzyklus, der »vielleicht einmal« *Von Krieg zu Krieg* heißen sollte, und sammelte Material aus der Zeit um die Wende des 19. und 20. Jahrhunderts. Die Systematik und Gewissenhaftigkeit seiner Arbeitsweise imponierten mir ungeheuer.

»Darf ich?«

Er nickte. Ich ließ meine Finger von einer kleinen Abteilung in die andere wandern, holte das eine oder andere Zettelchen hervor. Plötzlich blieb meine Hand stecken. Ein schmales, längliches Fach trug die Aufschrift: *Liebe.*

»Was ist das, Franz? Material über Liebe? Aber die ist doch zu allen Zeiten …«

Er klappte mir den Zettelkasten vor der Nase zu.

»Genug«, sagte er, wie mir schien ein bißchen verlegen, »hast schon genug gesehen. Komm Tee trinken.«

Er hatte wohl gemerkt, daß meine zwanzig Jahre von seiner systematischen Ordnung in diesem Zusammenhang nicht gerade begeistert waren.

Weiskopf schrieb nur deutsch. Er sprach freilich sehr gut tschechisch, auch französisch und englisch – in den letzteren beiden Sprachen diktierte er mitunter auch Zeitungsartikel – und leidlich russisch. Er war ein anspruchsvoller und zugleich äußerst liebenswürdiger Chef. Wir hatten in den Grenzgebieten der Tschechoslowakei, aber auch in der illegalen antifaschistischen Bewegung innerhalb Deutschlands, eine Reihe von Arbeiterkorrespondenten. Ihre oft recht schwerfälligen, besser gemeinten als verfaßten Beiträge überarbeitete FCW mit geradezu unendlicher Geduld. Ganz anders verhielt er sich allerdings gegenüber professionellen Mitarbeitern. Er hatte eine konkrete Vorstellung davon, wie eine Zeitschrift aussehen mußte, der es entschieden nicht darum ging, längst Überzeugte von neuem zu überzeugen oder bei längst Sympathisierenden Sympathien und Unterstützung für die Sache des Fortschritts und den Kampf gegen den Krieg hervorzurufen. Ein solcher Journalismus ärgerte ihn bloß. Er war bemüht, seine Mitarbeiter mit Ratschlägen in die von ihm verfochtene Auffassung einzuführen, erklärte unverdrossen, worum es der Redaktion ging, was sie benötigte. So schrieb er im September 1937, zur Zeit des großen Aufschwungs der antifaschistischen Volksfront in Frankreich, an den Reporter Maximilian Scheer in Paris, ein Bericht für die *AIZ* über die neu einzuführende Vierzigstundenwoche »soll nicht trockene Zahlen, Daten und Ähnliches enthalten, sondern an lebendigen Menschen die Erfolge dieser Errungenschaft zeigen. Hier läßt sich auch fotografisch Reizvolles und Interessantes leisten.«

In der Sowjetunion arbeiteten für unsere Zeitschrift einige Foto-Korrespondenten. Sie versahen die Redaktion mit einer Unmenge von Aufnahmen, die einander leider außerordentlich ähnelten. Wir erhielten lächelnde Stoßarbeiter am Hochofen, lächelnde Weberinnen an den Webstühlen, lächelnde Kolchosbauern auf dem Feld, lächelnde Fallschirmspringer, lächelnde Kinder auf Nachttöpfchen in Kinderheimen, lächelnde Rotarmisten …

FC saß wortlos über solcher Bescherung, schüttelte den Kopf, und die steile Furche auf seiner Stirn vertiefte sich in unheilvoller Weise.

»Ich möchte mit Moskau sprechen«, sagte er eines Tages nach solch einer stillen Stunde, »versuch bitte dort anzurufen.«

Als die Verbindung nach längerer Wartezeit endlich klappte, schloß er die Tür seiner Kammer (er achtete stets streng darauf, korrekt vorzugehen), dennoch hörten wir, wie er aufgeregt in die Telefonmuschel rief: »Um Gottes willen, wie lange wollt ihr uns noch mit diesem ondulierten Kopfsalat füttern? Einmal helle Augen, ein andermal geschlitzte und immer ein gesundes Gebiß! Habt ihr keine besseren Argumente für den Sozialismus? Anstatt laufend fremde Köpfe zu knipsen, solltet ihr gefälligst das eigene Köpfchen ein bißchen anstrengen.«

Bis heute habe ich eine ähnliche Erfahrung mit meinem Chefredakteur nicht vergessen, die ich auf eigener Haut, genauer gesagt, am eigenen Manuskript verspürt habe.

In jenen Jahren unmittelbar vor der Katastrophe des deutschen Einmarsches in die Tschechoslowakei wurde nicht nur eine rege faschistische, sondern auch eine lebhafte antifaschistische Tätigkeit im Grenzgebiet unserer Republik entfaltet. Als ich eines Tages von einer Begegnung mit Mitgliedern der illegalen Widerstandsbewegung in Deutschland in die Redaktion zurückkehrte, erzählte ich FC, noch ganz erregt, was ich erlebt hatte.

Er hörte mir aufmerksam zu und sagte dann: »Gut. Jetzt geh nach Hause und schreib darüber. Nicht mehr als drei Seiten und keinen Leitartikel. Einfach, was du erlebt hast, und so, wie du es mir erzählt hast. Der Leser muß dir glauben, daß du wirklich dort warst. Sieh zu, daß du das fertigbringst.« Als er mein in Schrecken erstarrtes Gesicht bemerkte, fügte er noch hinzu: »Das kannst du doch. Laß dir Zeit, und wir gehen das Manuskript dann noch zusammen durch.«

So saß ich also in meiner Mansarde in der Melantrichgasse Nr. 7 und schrieb die drei Seiten, schrieb sie mindestens fünfmal um, änderte und korrigierte noch und noch. Endlich hatte ich das Gefühl, daß es mir gelungen war, eine keineswegs nüchtern trockene, sondern geradezu literarisch ausgefeilte Arbeit zustande gebracht zu haben. Zufrieden ging ich am nächsten Tag in die Redaktion.

»Na, ist es vollbracht?« begrüßte mich Franz, sobald ich in der Tür auftauchte.

»Vielleicht«, antwortete ich kleinlaut, jäh wieder von Zweifeln gepackt, und reichte ihm das Manuskript. Mit einemmal war ich mir meines Erfolgs nicht mehr so sicher. Schließlich hatte ich bisher kaum eine Reportage geschrieben, und daß Weiskopf streng war, wußte ich nur allzu gut.

»Setz dich doch«, sagte er und begann zu lesen.

Ich saß in seinem Mini-Arbeitsraum dicht neben ihm, anders war das dort gar nicht möglich, und verfolgte gespannt, wie seine Augen von Zeile zu Zeile glitten. Auf einmal hakten sie sich fest. Er war an die Stelle gelangt, an der ich eine winterliche Wiese schilderte, auf die aus blauem Himmel eine schwarze Krähe herabstieß, der Schnee unter ihr glitzerte in der Sonne grünlich, golden, violett …

»Bist du sicher, daß er nicht auch orange und rosarot funkelte?« fragte mich FC sachlich, aber in seinen Augen blitzte es ziemlich gefährlich. »Ich meine nur wegen der Vollkommenheit des Spektrums, verstehst du.«

Solch eine Lektion merkt man sich. Es war übrigens bei weitem nicht die einzige, die er mir erteilt hat.

Es gab genug Menschen, die keine sonderliche Sympathie für F. C. Weiskopf hegten. Das ist kaum überraschend. Verletzte Eitelkeit von Autoren, deren Arbeiten er abgewiesen hatte, Neid und der unvermeidliche Emigrantenklatsch spielten hierbei eine beträchtliche Rolle. Aber es gab entschieden mehr Menschen, die FCW ungemein mochten. Und dabei ahnten wir alle damals noch nicht, wie er sich bewähren sollte, als es hart auf hart kam, der Krieg ausbrach, die Nazis nahezu ganz Europa überrannten, Grenzen niedertrampelten, Lager und Vernichtungslager errichteten, Menschen jagten und erlegten wie Freiwild. Wie vielen Freunden, wie vielen Schriftstellerkollegen, aber auch wie vielen seiner bekannten und unbekannten Genossen hat Weiskopfs rastlose, zähe und darum auch erfolgreiche warmherzige Kleinarbeit buchstäblich das Leben gerettet und anschließend den Weg in ein neues Dasein geebnet.

Die Atmosphäre, in der wir uns in den dreißiger Jahren an der Schwelle des Kriegs in Prag bewegten, in der gerade wir in der Redaktion der *AIZ* lebten und die FCW zumindest in seiner unmittelbaren Umgebung mit schuf, war im besten Sinne des Wortes kämpferisch, aktiv, schöpferisch und, der allgegenwärtigen Gefahr zum Trotz, optimistisch. Manchmal machte man uns darauf aufmerksam, in der Nähe der Redaktionsräumlichkeiten oder der Wohnungen unserer Mitarbeiter trieben sich verdächtige Individuen herum. Mitunter war es sogar die Polizei, die uns solche Informationen zukommen ließ, meistens machten wir aber selbst die entsprechende Beobachtung. Das gehörte eben auch zu unserem Handwerk und versetzte niemanden in außergewöhnliche Erregung. Die Vorsicht erhöhen und keinem Provokateur auf den Leim gehen – das war alles, was wir tun konnten. Jeder von uns hatte sich aus freiem Willen für eine Lebensweise entschieden, die auch derartige Risiken mit sich brachte, und niemand hätte sie deshalb für eine andere eintauschen wollen.

»Ich möchte wenigstens für eine gewisse Zeit zu euch kommen«, diktierte mir FCW immer wieder in Briefen an seine Schriftstellerfreunde in den Reihen der Internationalen

Brigaden in Spanien. Aber in der Tschechoslowakei wollte niemand einen solchen Wunsch seinerseits auch nur zur Kenntnis nehmen.

»Jetzt?« hieß es immer, wenn Weiskopf die Rede darauf brachte. »In dieser Lage? Du weißt doch selbst, wie sehr wir dich hier brauchen.«

Er wußte es. Wenn er im Sommer 1938 am Morgen etwas später in die Redaktion kam, weil er schon in früher Stunde zu Hause »ein bißchen schrieb«, referierte ich ihm ungefähr folgendermaßen: »Aragon hat aus Paris anrufen lassen, wo dein Artikel für *Ce Soir* bleibt. Heute Nachmittag um drei Uhr erwartet dich Außenminister Krofta. Die Verabredung mit der Runciman-Mission habe ich darum für fünf Uhr vereinbart, sie waren übrigens ziemlich unangenehm. Ja, auch irgendein Amerikaner hat telefonisch nach dir gefragt, den Namen konnte ich leider nicht verstehen.«

»Erskine Caldwell«, sagte FC, »er hat mich zu Hause angerufen. Zu den Runciman-Leuten wirst du übrigens statt meiner gehen müssen, auch wenn sie unangenehm sind. Ich sage dir noch, was wir brauchen und wie du es ihnen beibringen sollst. Zuerst muß ich aber mit Paris telefonieren. – Warst du schwimmen? Hast schön braune Beine.«

So irgendwie spielte es sich jeden Tag ab.

Unsere Zeitschrift, in Tiefdruck und anspruchsvoller graphischer Gestaltung herausgebracht, dabei ständig in erheblichen finanziellen Nöten, war in gewisser Hinsicht einzigartig. Zu meiner Arbeit gehörte unter anderem auch die Verwaltung des Fotoarchivs, das einige tausend teilweise durchaus seltene und in besonderer Weise kostbare Aufnahmen umfaßte. Professionelle Fotos gab es wenige, die meisten erhielt die Redaktion von ihren freiwilligen Mitarbeitern. Sie sandten Aufnahmen von imposanten Volksfrontmanifestationen in nahezu ganz Europa, von den Fronten in Spanien, vom Großen Marsch der chinesischen Revolutionäre, von Streiks und Demonstrationen fast überall auf der Welt. In langen Regalen bewahrte ich auch Fotos auf, die wir von illegalen Kämpfern gegen die verhaßte Fremdherrschaft in den Kolonien und von unerschrockenen Männern und Frauen im Dritten Reich zugesandt bekamen. Jedesmal bemächtigte sich meiner ein sonderbares Gefühl, wenn ich solche Aufnahmen zur Veröffentlichung auswählte oder ins Archiv einreihte. Als ob sie lebendig wären und in meinen Händen lebten mit all ihrer Qual, mit ihrem Mut und großartigen Lebenswillen.

In der Redaktion der *AIZ* herrschte im allgemeinen gute Laune. Wenn uns jedoch FC zu sich rief: »Kommt euch alle etwas anschauen!« und dabei keine Spur eines Lächelns zeigte, dann wußten wir, daß eine neue Sendung von Fotos angekommen war. Es war nicht leicht, Aufnahmen von gefolterten Menschen zu betrachten, von der brutalen Gewalt faschistischen Wütens oder von freudlos menschenleeren Straßen, vergitterten Fenstern von Zuchthäusern, Stacheldrahtverhauen und Wachtürmen rings um wüstenähnliche Konzentrationslager. An solchen Tagen wurde es still in den Redaktionszimmern. Unsere Arbeit war wie das Leben, brachte Freude und Schmerz, konnte weder ohne das eine noch das andere auskommen.

Manchmal gab es aber eine Freude ganz ungewöhnlicher Art. Zum Beispiel, als die Redaktion im Jahre 1934 ein in deutscher Sprache geschriebener Brief Georgi Dimitroffs erreichte, der mit folgenden Worten begann:

»Der Kampf, den die *AIZ* für die kommunistischen Angeklagten im Reichstagsbrandprozeß und für alle anderen von dem barbarischen, waschecht ›germanisch-arischen‹ Faschismus Bedrohten geführt hat, hat unzweifelhaft viel zu jener großen Aktion internationaler Solidarität beigetragen, der wir drei unsere Befreiung verdanken.«

So ein Brief zirkulierte natürlich in der ganzen Redaktion, dann nahm ihn Weiskopf in die Druckerei mit, wo er mit den Setzern und Metteuren ein Glas Bier auf Dimitroffs Gesundheit leerte. Er war kein großer Freund von

Alkohol, aber solch ein Ereignis wollte gefeiert werden. Der Brief wurde natürlich in Faksimile und vollem Wortlaut in der *AIZ*, aber vor allem in den sogenannten kleinen Heften abgedruckt. Die waren eine Besonderheit der Redaktion, über die wenig gesprochen wurde. Die kleinen Hefte – verkleinerte Ausgaben mit einem großen Teil des Inhalts der *AIZ* auf Dünndruckpapier – wurden auf verschiedene Weise ins Dritte Reich geschmuggelt. Es kam auch vor, daß Mitglieder der Redaktion sie eigenhändig Kurieren der Untergrundbewegung übergaben. Das geschah jedoch nur selten, etwa wenn im gegebenen Augenblick eine andere Verbindung aufgeflogen war.

Im Krisenjahr 1938 spielte sich die Tätigkeit der Redaktion neben der geläufigen journalistischen Arbeit mit unverminderter Intensität noch auf einem weiteren Gebiet ab. Die Bedrohung der Tschechoslowakei nahm immer gefährlichere Formen an, was wiederum immer mehr ausländische Zeitungsleute nach Prag führte. Die fortschrittlichen unter ihnen – und sie waren bei weitem die Mehrheit – suchten gewöhnlich auch Weiskopf auf, den sie entweder als Kollegen kannten oder der ihnen vom tschechoslowakischen Außenministerium als einer der verläßlichsten und interessantesten nichttschechischen Informatoren empfohlen worden war. Außenminister Krofta, ein hochgebildeter, progressiver Mann, wußte den klugen und gebildeten Dr. Weiskopf zu schätzen, holte oft seine Meinung zu einem bestimmten Problem ein.

Als einer der ersten erschien in FCW's Chefredaktionskammer der amerikanische Schriftsteller Erskine Caldwell mit seiner Frau, der kanadischen Fotografin Margaret Bourke-White. Über einer Tasse Kaffee riet FCW den beiden, wen sie aufsuchen, was sie sehen, wofür sie sich interessieren sollten. Ein weiterer Besucher in der Skuherského-Straße erhielt neben Informationen und allerhand Tips ein Glas Tee. Michail Kolzow war Russe, ein großartiger Reporter aus Moskau, der auch zu den langjährigen Mitarbeitern unserer Zeitschrift in der Sowjetunion zählte. Auch Gabriel Péri, außenpolitischer Redakteur der Pariser *l'Humanité*, den die Nazis ein Jahr nach der Besetzung Frankreichs im Dezember 1941 auf dem Mont Valérien erschossen, Theodor Draper aus New York und viele andere mehr oder weniger bekannte Persönlichkeiten der Weltpresse kamen damals wenigstens auf einen Sprung in unsere Redaktion. Die dickbäuchige Kaffeekanne wurde ständig aufgefüllt. Einzelne Besucher empfing unser Chefredakteur würdevoll in seiner Kammer, kamen mehrere auf einmal, floß die internationale Gesellschaft in den Nebenraum über, also in Hermann Leupolds, John Heartfields und mein Arbeitszimmer. Dann summte es zwischen Balkon und »Chefredaktion« gleichzeitig in verschiedenen Sprachen, dazwischen klingelte das Telefon, und manchmal langte FC inmitten einer solchen Zusammenkunft nach dem Hut, winkte mich herbei und sagte tschechisch, so daß ihn die Besucher nicht verstehen konnten: »Sei so gut, übernimm das hier für mich. Ich muß schnell ins Außenministerium.« Oder: »Ich muß schnell ins Emigrantenkomitee, dort ist etwas los.«

Während der Mai-Krise 1938 mußte sich FCW noch nicht stellen. Er hatte seine Redaktion, seine Feder, sein Telefon, war somit gut gerüstet und mobilisierte all das nicht nur für die Verteidigung seiner Heimat, sondern auch für die Freiheit, Menschenwürde und Gerechtigkeit schlechthin. Das war nichts Neues. Seit seiner Jugend setzte er sich mit allem, was er wußte und konnte, für die Verwirklichung des erträumten und für ihn durchaus konkreten Ziels ein: für eine bessere Ordnung der menschlichen Gesellschaft. Dazu gehörte auch die Überbrückung künstlich geschürter nationalistischer Zwistigkeiten. Es ist sein Verdienst und bis zu einem gewissen Grad auch das Verdienst eines anderen, leider nahezu vergessenen Pragers, des Dichters Rudolf Fuchs, der während des Kriegs bei der Verdunkelung Londons von einem Bus überfahren und getötet wurde, daß die Dichter aus den böhmischen Ländern und der Slowakei schon vom Anfang der zwanziger Jahre unseres Jahrhunderts in den Kontext der Weltliteratur Eingang fanden. FCW hat drei Bücher tschechischer und slowakischer Lyrik herausgegeben, und 1937 wurde ihm für diese Tätigkeit, die dichterische Übertragung von Werken bekannter und unbekannter Poeten seiner Heimat, der tschechoslowakische Herderpreis zugesprochen.

»FC ist ein Vermittler zwischen der tschechischen und deutschen Literatur«, sagte Egon Erwin Kisch aus Anlaß des vierzigsten Geburtstages seines Freundes, den sie gemeinsam in New York feierten, »er hat der besten jungen tschechischen Lyrik und Prosa den Weg in die Weltliteratur geebnet und im tschechischen Sprachkreis für die Avantgarde der deutschen sozialistischen Belletristik geworben. Die Tschechen nennen ihn mit der gleichen Selbstverständlichkeit ihren Autor, so wie die Deutschen ihn den ihrigen nennen.«

Im Jahre 1937 veröffentlichte FCW im Malik-Verlag seines Schwagers Wieland Herzfelde unter dem Titel *Das Herz – ein Schild* ein Bändchen ins Deutsche übertragener tschechischer und slowakischer Lyrik. Diese Sammlung, um ein einziges Gedicht erweitert, erschien erneut im Jahre 1948 in der DDR. Damals weilte Weiskopf in der Funktion eines Botschaftsrats der Tschechoslowakei in den USA. In New York schrieb er für die neue Ausgabe der Sammlung eine Einführung in die Poesie der Tschechen und Slowaken, eine gut beschlagene Abhandlung über die Verquickung dieser Lyrik mit der Geschichte der beiden Völker. Er sagt darin unter anderem:

»Als westlicher Vorposten der slawischen Welt waren die böhmischen Länder seit Menschengedenken kleine Inseln inmitten einer germanischen See. Aber die Natur hat offenbar diese Länder zum Heim eines freien, selbständigen Staatswesens ausersehen. Immer wieder dienten die Grenzgebirge als Wellenbrecher gegen den Ansturm feindlicher Fluten. Seit tausend Jahren hat kaum eine tschechische und slowakische Generation gelebt, auf die nicht der Schatten eines fremden (deutschen oder magyarischen) Einbruchs, einer fremden geistigen Invasion gefallen wäre.

Aber trotz der Gefahrenwolken wuchs und blühte in den böhmischen Ländern eine eigene Kultur.«

Dann erwähnt er die Gründung der Prager Karlsuniversität, spricht über Comenius, Josef Dobrovský, einen Schüler Herders und den Gründer der modernen slawischen Philologie, über die Dichter Kollár und Erben und fährt fort:

»Und nun ereignet sich etwas wie ein Wunder. In der kaum zum Leben erweckten Sprache beginnt ein Poet von höchstem Rang zu dichten: Karel Hynek Mácha, ein Bruder Shelleys, Lermontows und Hölderlins. Während seines kurzen Lebens (1810–1836) war er unglücklich, verkannt von den Lesern, angefeindet von den Kritikern. Aber zwanzig Jahre nach seinem Tod griff die Erkenntnis Platz, daß Mácha ein flammender Komet in einer kahlen, kalten Nacht gewesen war. Er hinterließ nur eine Handvoll von Sonetten und ein langes lyrisch-episches Dichtwerk ›Mai‹ – aber er hatte damit seine Muttersprache aus ihrem Aschenbrödeldasein erlöst und ihr die goldenen Prinzessinnenschuhe angezogen.«

Wer in solcher Weise über die Poesie seiner tschechischen und slowakischen Dichterbrüder zu schreiben verstand, war in der Tat dazu vorbestimmt, sie in eine andere, in eine Weltsprache umzudichten. Der Autor F. C. Weiskopf wußte sehr wohl, was er tat, als er der Poesie eines Nezval, Halas, Seifert, Novomeský – um nur einige zu nennen – den Weg in die Welt ebnete. Jedes einzelne Gedicht wählte er überaus sorgfältig, erwog, ob sein Inhalt für ausländische Leser wirklich zugänglich war, ob die Dichtung imstande sein werde, auch mittels einer anderen Sprache in Herz und Hirn ihrer Leser einzudringen.

Ob ihm das gelungen ist? Ich glaube schon. Wer sich nur ein wenig in der Literatur der beiden deutschen Nachkriegsstaaten zurechtfindet, weiß, wie viele wirkliche zunächst Entdecker und dann Freunde der tschechischen und slowa-

kischen Lyrik es dort gibt. Sie kennen diese Poesie, weil sie
Weiskopfs Übersetzungen kennen, deren sich nach seinem
allzu frühen Fortgang weitere jüngere deutsche Dichter zum
Glück angenommen haben.

Als sich im August 1938 in Prag die unrühmlich bekannte
Mission des Lord Runciman etablierte, die im Auftrag der
britischen Regierung eine Vermittlerrolle zwischen den ab-
trünnigen Sudetendeutschen und der Regierung der Tschechoslowakei spielen sollte und statt dessen allerhand un-
durchsichtigen Geschäften nachging, eben im ohnehin ob
seines unsicheren weiteren Schicksals nervös vibrierenden
Grenzgebiet, veranlaßte das meinen Chefredakteur zu einer
ganz neuen Art von Betriebsamkeit. Er bombardierte die
Mitglieder der Mission mit faktischem Material über die politischen Machenschaften und rücksichtslose Gewaltanwen-
dung der Agenten Hitlers und seiner Stoßtrupps innerhalb
unserer Republik. Die Zeitung hatte Leser im gesamten von
Bürgern deutscher Nationalität bewohnten Randgebiet der
Tschechoslowakei. Ungeachtet des Terrors, dem sie ausge-
setzt waren, sowie sie sich zu ihrer bisherigen Heimat und
nicht zur »Heimkehr ins Reich« bekannten, übermittelten
sie uns Nachrichten, Fotos, und sie suchten uns auf, wenn
wir irgendwo in ihrer Gegend einen Vortrag oder eine Zusammenkunft mit Lesern durchführten. Aus all diesen Informationen stellte Weiskopf ein übersichtliches, präzis an-
geordnetes und dokumentiertes Material zusammen, das er
dann entweder persönlich oder durch ein anderes Redak-
tionsmitglied der Mission Seiner Britischen Majestät im
Prager Hotel Alcron zukommen ließ. Er machte sich keine
Illusionen über das Ergebnis dieser Arbeit, aber »machen
müssen wir sie trotzdem«, sagte er.

So kam der September 1938 und mit ihm die zweite, diesmal bitter ernste Mobilisation der tschechoslowakischen Armee. Etwa um neun Uhr abends rief ich Weiskopf an.

»Franzi packt«, informierte mich Grete, »warte einen
Augenblick.«

»Ich bin gerade im Abgehen begriffen«, sagte FC ruhig und beinahe vergnügt, »morgen werde ich noch in Prag sein, in der Kaserne in Vršovice. Ich bitte dich, versuche dort vorbeizukommen, ich habe den Leitartikel für die nächste Nummer skizziert, vielleicht gelingt es mir, ihn irgendwie zu Ende zu schreiben. Auf jeden Fall müssen wir noch miteinander reden.«

Eine merkwürdige Nacht brach an. Außer den Kindern schien damals in ganz Prag niemand zu schlafen. Die Stadt lag in tiefer Verdunkelung, und die Straßen wimmelten von Menschen. Die Männer folgten dem Gestellungsbefehl in größter Hast, geradezu mit einem Gefühl der Erleichterung. Frauen und Mädchen begleiteten sie. Es gab keine Lieder, aber auch keine Tränen. Fremde drückten einander die Hand, Freunde und nahestehende Menschen umarmten einander. Es gab keine überflüssigen Worte und keine leeren Gesten. Das also war die Stunde. Was sein mußte, mußte sein.

Am nächsten Morgen begab ich mich, unausgeschlafen und dennoch sonderbar frisch, zur Kaserne in Prag-Vršovice. Auf meine Bitte holte man den Kapitän Weiskopf.

»Komm«, sagte er, als er beim Tor erschien, »ich habe mich für eine Weile freigemacht. Wir können in der Kneipe dort drüben einen Kaffee trinken.«

Als wir uns an einem der kleinen runden Tischchen niederließen, behinderte Franz die Pistole über der rechten Hüfte.

»Kannst du das Zeug nicht einfach weglegen?« fragte ich.

»Kaum«, antwortete er und zog aus der Rocktasche unter dem Pistolenfutteral eng beschriebene Manuskriptblätter hervor. »Ich bin doch mobilisiert. – Aber erzähl, wie sieht es in der Redaktion aus?«

»Ungewohnt«, berichtete ich, »unsere Männer sind eingerückt, die Emigranten bleiben vorläufig lieber zu Hause, schließlich können sie nicht jedem aufgeregten Menschen auf der Straße erklären: Verzeihen Sie, aber ich gehöre zu den anständigen Deutschen. So daß wir momentan eine reine Weiberwirtschaft haben.«

»Macht nichts«, beruhigte mich FC, »ihr schafft das schon. Ach, du hast die Abzüge mitgebracht, das ist fein.« Er zog die Füllfeder hervor, schob das Futteral mit der Pistole ein wenig zurück und überflog die gesetzten Seiten. »Paß auf, hier machst du eine kleine Änderung, das da muß raus, und statt dessen erweiterst du diesen Absatz ein bißchen.«

Als wir uns nach einem knappen Stündchen verabschiedeten, sagte ich: »Vielleicht komme ich morgen wieder.«

»Wer weiß, ob ich noch da sein werde.«

Auf der Straße winkte FCW zerstreut einem Soldaten zu, der vor ihm, dem Offizier, salutierte. Ich befürchtete beinahe, er würde zum Gruß auch noch das Militärkäppi lüften.

Eine Woche von nahezu unerträglicher Spannung verging. Hoffnungen schossen empor, gleich darauf machte sich dumpfe Niedergeschlagenheit breit, um bald wieder neuen vielverheißenden Erwartungen Platz zu machen. Dann war jäh alles vorbei. Die verratene Republik lag beschämt und gedemütigt in ihren letzten Zügen. Die Zukunft? Gab es in diesem Augenblick für die Tschechoslowakei überhaupt noch eine Zukunft? Neue Emigranten kamen an den Prager Bahnhöfen an. Jetzt waren es nicht mehr vor der eigenen Gewaltherrschaft fliehende Deutsche. Jetzt waren es vor der fremden Gewaltherrschaft im eigenen Land fliehende Tschechen. Täglich lasen wir in den Zeitungen die Namen von der Wehrmacht neu besetzter Ortschaften. Unaufhaltsam schien die Militärmaschinerie der Nazis vorzurücken. Sollte das »sudetendeutsche Grenzgebiet« bis nach Prag reichen?

Am 5. Oktober 1938 erschien die letzte Nummer der *AIZ*, inzwischen *Volks-Illustrierte (VI)*. Bis auf weiteres war unsere Zeitschrift polizeilich verboten. Es wurde beschlossen, F. C. Weiskopf sollte möglichst schnell nach Paris fahren und dort versuchen, ein weiteres Erscheinen der Zeitschrift in die Wege zu leiten.

In einem kleinen Café am oberen Ende des Wenzelsplatzes, das es nicht mehr gibt, trafen wir einander zu einem Abschiedskaffee. Franz war wie immer ruhig und gelassen, nur seine Hände zitterten ein wenig. Er sprach über die künftige Redaktion in Paris, als ob sie schon eine fertige Sache wäre.

»Bist du sicher, daß es gelingt?« fragte ich, niedergedrückt von der in der ganzen Stadt vorherrschenden Atmosphäre des Verratenseins.

»Laß den Kopf nicht hängen«, sagte FC, »so kenne ich dich ja gar nicht. Natürlich werden wir weitermachen, wir holen dich auch nach Paris. Sieh zu, daß du hier ein paar Wochen irgendwie über die Runden kommst. Was wirst du tun? Hast du schon eine Arbeit?«

Ich hörte ihm nur mit halbem Ohr zu. Was erzählte er mir da? Morgen würde er im Flugzeug sitzen, und ich konnte morgen die Polizei vor der Tür haben und übermorgen vielleicht schon die Gestapo.

FCW warf mir ab und zu einen prüfenden Seitenblick zu, rührte nervös in seinem längst erkalteten Kaffee, fuhr aber unbeirrt fort: »Ich werde zusehen, daß ... Am besten, du versuchst ... Ich werde dafür sorgen, daß ... Verlaß dich darauf ...«

Damals wußte ich noch nicht, daß man sein »Ich werde dafür sorgen ... Ich will zusehen ... Verlaß dich darauf ...« absolut ernst nehmen konnte.

Die Ereignisse überstürzten sich. Weiskopfs Redaktionspläne konnten nicht mehr verwirklicht werden. Nur: Verlassen konnte man sich weiterhin auf ihn. Im Laufe der nächsten Jahre sorgte FCW für eine große Anzahl von Menschen. Manchen von ihnen hat er mit seiner Ausdauer, Geduld und seinem beharrlichen Bemühen buchstäblich das Leben gerettet. Das weiß ich mit Sicherheit, denn ich gehöre zu ihnen.

In den wenigen Monaten zwischen dem Verdikt von München und der Besetzung der gesamten Tschechoslowakei durch das Dritte Reich entfaltete FCW in Paris eine fieberhafte Aktivität, um möglichst viele Menschen aus der Prager Falle herauszuholen. Sie brauchten vor allem Visa, französische, britische, von wo oder, besser noch, wohin auch immer. Und Geld. Geld für Zugbilletts, Flugkarten und nicht zuletzt für den Lebensunterhalt bis zur Abreise. In jenen Monaten schrieb mir FC regelmäßig, und jeder Brief enthielt konkrete Ratschläge, Aufträge und Informationen vor allem für seine Freunde unter den deutschen Emigranten, aber auch für uns, die wir von einem Tag auf den anderen ohne Arbeit und schon lange auf allen schwarzen Listen der Gestapo waren. Noch vor seiner Abreise, in dem kleinen Café auf dem Wenzelsplatz, hatte mir Franz seine Korrespondenz für die ausländischen Zeitschriften übergeben, für die er bislang in Prag tätig gewesen war, die *New Masses* in New York, die *Internationale Literatur* in Moskau und einige französische Revuen.

»Das kann ich doch gar nicht«, wandte ich erschrocken ein. »So etwas habe ich noch nie gemacht.«

»Du wirst schon müssen«, erwiderte er ungerührt, »die Redaktionen brauchen es, und du brauchst es auch. Warum hast du solche Angst davor? Schau dich ordentlich um, und schreib einfach über alles, was du siehst … Das kannst du schon. Und bis du dann von hier fortkommst, wirst du draußen schon ein bißchen Geld haben – viel wird es ja nicht sein, aber es wird dir den Anfang erleichtern. So daß du eine Arbeit machst, die notwendig ist und die dir zudem noch hilft.«

Die letzten Worte fügte er nur wie beiläufig hinzu, obwohl sie natürlich der wichtigste Beweggrund für sein Handeln waren. Am nächsten Tag flog er ab, und ich fabrizierte meine Artikel und rannte mit seinen Aufträgen in Prag herum. Am häufigsten in das Kaffeehaus im Mánes-Gebäude an der Moldau, wo ich mit den noch in Prag hängengebliebenen deutschen Schriftstellern und Journalisten zusammentraf. Ich war glücklich, wenn ich dort sagen konnte: Soundso soll sein Visum abholen, FCW hat geschrieben, daß es bereits abgeschickt wurde, und unglücklich, wenn ich nur »nichts Neues« zu berichten wußte.

Nach einiger Zeit erweiterte FCW mein Betätigungsfeld. Im Februar 1939 kam ein amerikanischer Journalist nach Prag, der mit einer schriftlichen Empfehlung Weiskopfs für den Schriftsteller Ivan Olbracht, den Journalisten Kurt Konrad und schließlich auch für mich ausgestattet war. Im östlichsten Zipfel der Tschechoslowakei, in der sogenannten Karpato-Ukraine, trieben damals faschistische Kampfgruppen ihr Unwesen. Sie nannten sich Sitsch, wohl nach einem Inselchen im Dnjepr-Fluß, und hatten auf Anweisung Berlins nichts Geringeres vor, als die Macht in diesem kleinen Landstreifen am Fuße der Karpaten an sich zu reißen und dann diesen armseligen Bergdörfern die große Sowjetukraine anzuschließen. Ein gewiß phantastischer Plan, der viel Unheil hervorrufen konnte und allerhand davon auch beging. FCW empfahl mir, mit dem Amerikaner in jene Gegend zu fahren und ihm als Dolmetscherin zu helfen, dieses ganze Treiben aufzudecken und in der Weltpresse bloßzulegen. Erst viel später wurde mir bewußt, von welcher Bedeutung diese Arbeit für das kommende Kriegsgeschehen war. Übrigens hatte mich Weiskopf für diese Reise mit der Pressekarte eines großen Pariser Modejournals ausgerüstet. Zum Glück genügte damals für alle Demarchen der Ausweis des Amerikaners vom *Baltimore Sun*, denn ich hätte im verschlafenen Chust oder in der langgestreckten Gebirgsgemeinde Jasina nur schwer erklären können, daß mich ausgerechnet Modeinteressen dorthin geführt hatten. Das elegante Kärtchen des französischen Modemagazins in meiner Handtasche übte dennoch eine wohltuend beruhigende und Sicherheit vortäuschende Wirkung auf mich aus, was nicht zu unterschätzen war in jener beunruhigenden und in jeder Hinsicht unsicheren Zeit.

Als ich Ende März 1939 nach der deutschen Besetzung der Tschechoslowakei endlich in der französischen Hauptstadt eintraf, stand das Ehepaar Weiskopf schon vor seiner Abreise in die Vereinigten Staaten, wo FCW am Kongreß der Schriftstellerorganisation League of American Writers teilnehmen sollte.

»Böse Zeiten sind im Anzug«, höhnten manche Leute in Paris, »Weiskopf fährt schon wieder ab.«

Sie waren wirklich im Anzug, die bösen Zeiten. FCW hat jedoch in Amerika während des Kriegs neben seiner literarischen Tätigkeit noch ein ungeheures Stück unermüdlicher, täglicher Kleinarbeit geleistet, um aus der neuen Falle – und diesmal handelte es sich beinahe schon um ganz Europa – möglichst viele unmittelbar bedrohte Antifaschisten zu retten. Er setzte dafür nicht nur seine ganze, scheinbar unerschöpfliche Energie ein, sondern auch sämtliche Beziehungen, literarischen Kontakte, kurz alles, was überhaupt für diese dringende Tätigkeit mobilisiert werden konnte. Und dringend war sie, weiß Gott! In den Internierungslagern in Frankreich hockten Menschen, deren Namen sich auf jeder schwarzen Liste der Gestapo befanden. Es gab unter ihnen bekannte und unbekannte Schriftsteller, Journalisten von Weltruf und namenlose Kollegen, bedeutende Repräsentanten der antifaschistischen Widerstandsbewegung und einfache Soldaten. Weiskopf sammelte in New York ihre Namen, setzte Listen auf von Menschen, die er um jeden Preis retten mußte. Die deutsche Wehrmacht kam nicht zum Stillstand, die Insel zweifelhafter »Freiheit« im noch unbesetzten Rest von Frankreich schmolz zusammen, und die Gestapo hatte ohnehin schon überall ihre Leute.

»Im KZ Vernet war Weiskopfs Freundesgabe«, schrieb Theodor Balk in einer Erinnerung an FCW, »ein längliches, bunt umrandetes Flugpostkuvert, das dann und wann aus dem offenen Pappkarton unseres Garde-Mobile-Postmeisters lugte, um beim Appell ausgefolgt zu werden. ›Balk!‹ – ›Présent!‹ Der présent-Häftling öffnete nach dem Appell behutsam den Briefumschlag, um ihm ein hauchdünnes Papier mit Nachrichten über den Stand der Kampagne für unsere Befreiung zu entnehmen. Zwei Jahre fast setzte sich F. C. Weiskopf, zusammen mit der fortschrittlichen League of American Writers, für seine bedrohten Schriftstellerkollegen in Vernet und anderen französischen Konzentrationslagern ein, und oft schien es, als ob all die Briefe, Telegramme, Memoranden, Aufrufe, Interventionen Sisyphusarbeit wären. Aber ganz gleich, ob die Nachrichten gut oder schlecht waren, sie hinterließen ein warmes Gefühl der Gewißheit, daß hier ein Freund für uns wirkte, auf den Verlaß ist.«

Am anderen Ende der Welt, im vom Krieg verschonten Mexiko, beurteilte Bodo Uhse Weiskopfs Bemühungen aus einem andersartigen Blickwinkel: »Mit welchem Eifer und mit welcher menschlichen Wärme doch hat er, als viele der nach Frankreich emigrierten Schriftsteller durch den Einmarsch Hitlers in Gefahr waren, von New York aus um ihre Rettung gekämpft und gerungen. Kein Tag verging damals, ohne daß nicht ein Brief in mein mexikanisches Exil flatterte mit Berichten, Wünschen, Vorschlägen, Anregungen. Und wenn ich müde war und verzweifelt, weil die Dinge nicht weitergehen wollten, weil es an allem fehlte und nicht einmal das nötige Porto für Briefe da war – seine Unverdrossenheit fand Worte und Mittel, mich zu stärken und die Arbeit weiterzutreiben.«

Wie es war, wenn etwas wirklich gelang, wenn jemand endlich gerettet werden konnte, das konstatierte der tschechische Schriftsteller, Zeichner und Prager Landsmann Weiskopfs, Adolf Hoffmeister: »... als ich nach allen Gefängnissen und KZs in New York eintraf, waren Franz Weiskopf und Jaroslav Ježek [Prager Komponist – L. R.] die ersten, die mich am Pier begrüßten.«

Und einer, der gemeinsam mit FCW intervenierte, urgierte, nicht nachgab und seinen Freund dabei bestaunte, sein amerikanischer Schriftstellerkollege A. B. Magil, hielt

seinen Eindruck mit folgenden Worten fest: »Wer kann er-
messen, mit welcher Hingabe er sich für die Wohlfahrt seiner Kollegen einsetzte? So kam er zu mir und erzählte von
dem bekannten fortschrittlichen Schriftsteller X., der gerade aus einem französischen Konzentrationslager gekommen war. Könnte ich einen Anzug für ihn geben? Waren
Kleider für dessen Frau aufzutreiben? Oder er bat mich,
Artikel von exilierten Kollegen zu drucken und dafür zu
sorgen, daß sie Vorschüsse erhielten.«

Ich verweile mit Absicht etwas länger bei diesem Kapitel
von Weiskopfs Aktivität, denn ich fürchte, daß diese ungewöhnliche und dabei so außerordentlich verdienstvolle Arbeit aus dem Porträt des Schriftstellers mit der Zeit verblassen wird. Allein, der Mensch Franz Carl Weiskopf wäre
ohne sie wohl niemals der gewesen, der er war.

In den USA betätigte sich FCW nicht nur als nimmer
ruhender Organisator und Redner, er war auch dort vor allem Schriftsteller. Vier Bücher brachte er in New York heraus, manche von ihnen erschienen zudem in anderen Ländern, in anderen Sprachen. Alle haben den Kampf gegen
den Faschismus zum Inhalt. Alle, bis auf eines.

»Während der ganzen Kriegszeit schrieb er in der Nähe
der 14. Straße, im allerbilligsten Viertel von New York«, erzählt abermals Adolf Hoffmeister, »und das bedeutete bei
ihm: der Sache und der Heimat zu dienen. Damals übersetzte er eine Anthologie tschechischer Poesie *Hundred
Towers* ins Englische.«

Hundred towers. Hunderttürmig pflegt man Weiskopfs
Heimatstadt Prag zu nennen. Hat ihm Heimweh nach den
stillen Gassen der Altstadt, der träumerischen Kleinseite,
der nicht jedem vernehmbaren Moldaumusik unter den
Brücken, von denen jede für einen Prager ihren besonderen
Reiz hat, im lärmenden Getriebe des ach so fernen New
York die Feder in die Hand gedrückt, als ihm die tschechischen Verse durch den Kopf summten? Oder waren es vielleicht im Gegenteil Gedanken ohnmächtigen Zorns und

verletzter Menschenwürde, die ihn zu dieser Arbeit drängten? Die Dichter eines unterdrückten Volkes zu Wort kommen zu lassen war zweifellos auch ein Bestandteil des weltumfassenden Kampfes. Wenn man dies mit zähem Fleiß und vollem Einsatz tat – von Liebe wollen wir in diesem Zusammenhang erst gar nicht sprechen – und in einer Sprache, die Hunderten von Millionen Menschen zugänglich ist, die bisher von dieser Poesie so gut wie nichts wußten – dann war das bestimmt eine große und anerkennenswerte Leistung zur Zeit des gewaltigen Ringens, aber auch für die Zeiten danach. Gehört man einer kleinen Nation an, weiß man so etwas auf ganz besondere Weise zu schätzen.

Es gibt noch ein Buch Weiskopfs aus den New Yorker Jahren, das ich hier erwähnen möchte. Es ist im Jahre 1942 englisch erschienen und 1944 deutsch in Mexiko. Ein kleines Buch und dennoch ungewöhnlich. Es heißt *Vor einem neuen Tag.*

Die deutsch schreibenden antifaschistischen Emigranten aus Europa haben bekanntlich in den Kriegsjahren in Mexiko ihren eigenen Verlag El Libro Libre gegründet. Sie haben Weiskopfs Buch in der deutschen Originalfassung herausgebracht. Am 15. September 1944 veröffentlichte ich darüber in der *Demokratischen Post*, einer mexikanischen Zeitschrift der deutschen Exulanten, eine Rezension. Es sei mir ausnahmsweise gestattet, an dieser Stelle mich selbst zu zitieren:

»F. C. Weiskopf hat seinen Roman ›Vor einem neuen Tag‹ beendet, lange bevor General Svoboda seinem Präsidenten Dr. Eduard Beneš meldete, er stehe mit zwei tschechoslowakischen Brigaden und einer slowakischen Division an den Grenzen der Republik. Das Buch war schon in vier Sprachen erschienen, als sich die Rote Armee mit gewaltigen Schlägen den Weg durch die Karpaten bahnte. Und da Franz Weiskopf in seiner New Yorker Exilwohnung erregt zwei Exemplare der russischen Ausgabe aus der Papierhülle nimmt, gehen sowjetische Fallschirmspringer in slowakischen Bergdörfern nieder und lehren die Bauern, Kohlenbrenner und Holzfäller, wie man die mitgebrachten Maschinenpistolen und Explosivstoffe handhaben muß.

All die Geschehnisse hat der Autor in seinem Buch richtig vorausgesehen. Er kennt seine Heimat, die er bis in alle Winkel durchstreift hat. Er kennt die Menschen, die er in vielen ausgezeichneten Novellen und Kurzgeschichten geschildert hat, bis er ihre Schicksale schließlich in einen Roman zusammenfaßte. Daher kommt es, daß der alte Drahtenbinder Iwan Schipko, eine der liebenswertesten Figuren des Buches, so deutlich vor unseren Augen ersteht. Fast fühlt man die Schwielen seiner abgearbeiteten Hände und hört sein Kauen, als er im Walde Brot und Käse mit dem Studenten Peter Novemesky teilt, der eben aus einem Konzentrationslager entkommen ist. Man versteht das Leid und die nicht unterzukriegende Lebenskraft der jungen Bäuerin Anna und des jüdischen Mädchens Blümele.

›Vor einem neuen Tag‹ ist mehr als die fesselnde Geschichte von Bauern, die das schwierige Handwerk der Verschwörung und Rebellion erst schrittweise lernen müssen. Es ist ein Lied, das wehmütige, nimmer ausklingende Lied der Slowakei.«

Viele Jahre später hatte ich Gelegenheit, mit einem Teilnehmer am slowakischen Volksaufstand 1944 bis 1945, General Timko, dem der Titel eines Nationalhelden verliehen wurde, über Weiskopfs Buch zu sprechen. Der General hatte während der Kämpfe in den slowakischen Bergen beide Beine verloren. FCW kannte er nicht, wußte nicht einmal von ihm. Eines Tages brachte ihm jemand das Buch. Er traute seinen Augen nicht.

»Es ist geradezu unglaublich, wie dieser Mann die ganze Entwicklung in der Slowakei vorausgesehen hat«, sagte er mir. »Es geht mir nicht in den Kopf, wie er das fertiggebracht hat dort drüben in New York, am anderen Ende der Welt.«

Aber so unglaublich ist es gar nicht, wenn man den Lebensweg des Autors kennt.

Auch der zweite Weltkrieg ging eines Tages zu Ende, und gleich einem Eisberg tauchte nunmehr vor vielen Antifaschisten aus Europa ein neues, unerwartetes Problem auf: Die Behörden der USA verspürten nicht die geringste Lust, etwas dafür zu tun, gerade diesen Menschen die rasche Rückkehr in ihre Heimatländer zu ermöglichen. Nach den Erfahrungen während des Krieges und besonders in der Zeit unmittelbar vor seinem Ausbruch, den Wochen und Monaten unendlicher Konzessionen und ständigen Zurückweichens vor dem »Drang nach Osten« der Nazis, gab es in verschiedenen europäischen Ländern einen neuen Aufbruch, man wollte eine andere politische Orientierung einschlagen. So manchen Bürger dieser Staaten ließ das auf dem amerikanischen Kontinent nicht mehr ruhig schlafen. Dabeisein war ihr Wunsch, mit anpacken, mit aufbauen.

Die einfachen Amerikaner kamen aus dem Staunen nicht heraus. Warum wollten ihre Nachbarn aus dem Haus oder aus der Straße partout schon jetzt in ihre vom Krieg zerrütteten und halb vernichteten Länder zurückkehren? Was sollte solch sinnlose Eile? »Fühlen Sie sich denn bei uns nicht wohl?« fragten sie kopfschüttelnd. »Sie haben Heimweh, nun gut, Sie werden Ihre alte Heimat gewiß wiedersehen. Aber warten Sie doch, bis es dort wieder ein bißchen Ordnung gibt. Dann werden viele Menschen von hier hinüberfahren.«

Allein sie, die ständig Ungeduldigen, eine neue Zukunft Erhoffenden, sie wollten gerade bei dem nun angebrochenen großen Aufräumen mitmachen. Jahrelang, zum Teil hinter Gittern und Stacheldraht, hatten sie auf diesen Aufbruch gewartet, hatten sich den festen Glauben daran nicht herausprügeln und forthöhnen lassen; jetzt wollten sie von allem Anfang an mit dabeisein. Die amerikanischen Behörden waren sich dessen gut bewußt. Im Laufe der Kriegsjahre hatten sie sich mit ihren zeitweiligen Gästen gründlich bekannt gemacht und waren zu dem logischen Schluß gekommen, die Abfahrt dieser Menschen tunlichst lange aufzuhalten, ihnen nicht gleich die Möglichkeit zu geben, die politische Entwicklung in den befreiten europäischen Ländern mitzubestimmen. Also kein Ausreisevisum aus den USA und auch kein Transitvisum durch die Vereinigten Staaten. Zumindest jetzt noch nicht.

Das Ehepaar Weiskopf stellte gleichfalls »unvernünftige« Überlegungen an, auch diese beiden wollten umgehend nach Hause. Ihr Schicksal gestaltete sich freilich ein wenig anders. Während noch das peinliche Tauziehen um eine Ausreisebewilligung aus den USA andauerte, kam aus Prag die Mitteilung, Dr. F. C. Weiskopf sei von der tschechoslowakischen Regierung zum Botschaftsrat bei ihrer diplomatischen Vertretung in Washington ernannt worden.

Vielleicht hatte sich jemand im Prager Außenministerium an seine intelligente öffentliche Aktivität während der Krise in den dreißiger Jahren erinnert. Vielleicht ging aber jemand dort ähnlichen Überlegungen nach wie die Kollegen im State Department und erwog, daß der tatenfreudige FCW in Amerika, und sei es auch direkt an der Botschaft, entschieden annehmbarer sein werde als in Prag. Wie auch immer, die Kommunisten in der Regierung hatten die Ernennung F. C. Weiskopfs vorgeschlagen, die übrigen Parteien erklärten sich einverstanden.

Und so nahm FCW diesmal eine völlig neue Arbeit in Angriff, stürzte sich hinein, wie das bei ihm üblich war. Dennoch fühlte er, wußte es mit Sicherheit, daß er so bald als möglich nach Europa und vor allem nach Hause fahren mußte, selbst wenn es nur für eine kurze Zeit sein sollte. Ansonsten wäre jede noch so gut gemeinte Betätigung in gewissem Sinne unvollkommen, »hohl«, wie er in einem Brief bemerkte. Er schrieb mir damals:

»Natürlich bin ich glücklich, diese Arbeit zu haben, aber etwas fehlt mir bei allem. Ich koche und habe kein Gewürz, züchte Rosen, die nicht duften. Ich beneide Dich um Europa, auch wenn Du jetzt in Jugoslawien und nicht zu Hause bist. Ich beneide Dich um den Nachkriegsgestank und die

Nachwehen des Schreckens, selbst um Deine Sorgen. Dir kann ich das schreiben, Du wirst verstehen, wie ich das meine.«

Er bestürmte das Ministerium in Prag, wollte offiziell nach Hause gerufen werden. Endlich war man dort mit einem Besuch in der befreiten Heimat einverstanden, aber gerade da erkrankte FCW. Eine Grippe ohne Ende, vielleicht eine allgemeine Schwächung infolge von Übermüdung, vielleicht ausgelöst durch die Erregung vor der ersehnten Heimreise, wer weiß. Erst Ende 1947 konnte sich Weiskopf auf die Reise begeben.

Als er nach diesem ersten Besuch im Nachkriegseuropa nach Amerika zurückkehrte, erledigte er neben seiner amtlichen Tätigkeit und der niemals unterbrochenen literarischen Arbeit auch die Korrespondenz, die sich inzwischen auf seinem Tisch angehäuft hatte. In einem Brief an Lion Feuchtwanger vom 27. Februar 1948 lesen wir:

»Ich war kurz in Frankreich, lang in der Tschechoslowakei, fünf Tage in Berlin, eine Woche in Polen. Noch jetzt, acht Wochen nach meiner Rückkehr, habe ich etwas von der europäischen Luft in Nase und Lunge … Der allgemeine Eindruck, den man in Europa bekommt, ist der eines jungen, nicht eines alten Kontinents. Mit Recht schaut die Freiheitsstatue hinüber. … Die Tschechoslowakei fand ich sehr weit vorgeschritten auf dem Wege der Rekonstruktion und der gesellschaftlichen Umformung.«

Die Botschaft der Tschechoslowakei hat wie alle anderen diplomatischen Missionen ihren Sitz in der Hauptstadt der Vereinigten Staaten, in Washington. Die Weiskopfs sind niemals dorthin umgezogen. Sie blieben in ihrer kleinen Emigrantenwohnung in der Nähe der 14. Straße, im billigsten Viertel New Yorks. Warum sollte er übersiedeln, wunderte sich FCW, er fühlte sich doch wohl in seinen vier Wänden. Der Schriftsteller hatte ohnehin das Empfinden, er spiele nur vorübergehend den Diplomaten, sein wirklicher Beruf war und blieb das Schreiben. Einige Jahre nach

Halt. Blick auf die Uhr. Zu dunkel. Aber durch Ritze
neben dem Vorhang helles Sonnenlicht. Vorhang auf.
Es ist 8¹⁰. Draußen dichtbelaubte Obstbäume, ein Fachwerk-
haus. „Südmostkellerei". Deutschland! Der Zug fährt langsam. Kleine, sehr saubere Gärten: Kohl, Tomaten. Kleine,
saubere beackerte Felder. Nichts von Verwüstung zu sehen.
Eine Landstraße ohne Verkehr. An der Schranke warten
ein paar Frauen und Kinder. Ein Gasthof „zur Krone".
Der Zug hält. Ludwigsburg. Die Stadt scheint unversehrt,
aber dann trifft das Auge auf leere Fensterhöhlen. Schutt
in wohlgeordneten zahnhügelförmigen Haufen. Der Bahnsteig kahl; von ehemaligen Ständen stehen noch
Pfeiler. Notbauten aus Holz beherbergen die Warteställen
und Büros des Bahnhofs. Auf dem Nebenbahnsteig viele
wartende Menschen, die Mehrzahl der Männer in Knie-
hosen (oft mit städtischem Jackett dazu), die
Frauen tragen fast durchwegs Strümpfe (im Gegensatz
zu Paris), alle sehen recht adrett aus, nicht sehr
chick, aber solid. Rotbackige Kinder.
Obstgärten, die schweren Äste alle sorgfältig gestützt. Ein halbes Dutzend Kühe gehütet von einem
Mädchen mit blonden Zöpfen und weißem Blu-
menkranz. Wiesen. Ein Bach mit überdachter
silbergrauer Holzbrücke. Schlehenbüsche voller blauer
Früchte. Rebenhügel, rotgelb. Frauen arbeiten in
den Weingärten. Auf den Landstraßen fast kein Verkehr. Kein Gespann, kein Auto.

Tagebuchaufzeichnung aus dem Jahre 1947 von F. C. Weiskopf

seinem unbegreiflich frühen Tod sagte mir einmal ein Mitarbeiter des tschechoslowakischen Außenministeriums mit unverhohlener Verwunderung in der Stimme, Weiskopfs amtliche Berichte seien völlig vom üblichen Schema abgewichen. Das waren eher Feuilletons als Referate, bemerkte er, aber es sei ein Vergnügen gewesen, sie zu lesen. Sie seien im Ministerium von Hand zu Hand gegangen. Man habe ihnen alle benötigten Informationen entnehmen können und überdies noch eine Menge von Beobachtungen und Erwägungen.

»Es hat sie ja auch ein Schriftsteller geschrieben, nicht?« meinte ich.

»Na eben!« lautete seine Antwort. Sie klang wie ein Stoßseufzer.

Die diplomatischen Kollegen F. C. Weiskopfs in den USA, sein Schriftstellerfreund Adolf Hoffmeister, der damals an der Spitze der tschechoslowakischen Delegation bei den Vereinten Nationen stand, und der Generalkonsul der ČSR in New York, der Prager Jurist und alte Freund FCW's, Dr. Erwin Munk, erzählten viele interessante und lustige Geschichten aus seiner Tätigkeit in Amerika. Von Botschaftsrat Weiskopf einberufene Pressekonferenzen gehörten zu den am stärksten besuchten. Die Journalisten wußten seinen Geist und Witz zu schätzen. Er sprach ausgezeichnet englisch, und eine Frage konnte noch so frech oder schonungslos sein, die Antwort kam prompt, war oft mit Humor gewürzt und saß immer. Sie nannten ihn Mr. Comment zum Unterschied eines guten Teils seiner diplomatischen Kollegen, die durchweg als Mr. No-Comment bezeichnet wurden. FCW antwortete jedem und auf alles. Sein ganzes politisches Leben hatte ihn darauf gut vorbereitet, er betrachtete es als normal, keine Antwort schuldig zu bleiben, und zudem unterhielt er sich dabei noch königlich.

Eines der amüsantesten amerikanischen Histörchen um Weiskopf, das übrigens typisch ist für seine Vorliebe, Spielerisches mit Ernstem zu kombinieren, ist die Geschichte mit dem Kater Moritz, deren erster Teil sich allerdings ohne seine Mitwirkung abspielte.

Als Weiskopf aus Washington versetzt und zum Gesandten der Tschechoslowakei in Schweden ernannt wurde, reiste er eilig nach Stockholm. Seine Frau und der Kater blieben noch eine Zeit in den USA. Vor ihrer Abreise aus Amerika fuhr Frau Grete zu einer kurzen Erholung nach Kalifornien. Den Kater vertraute sie inzwischen der Fürsorge des treuen Hausmeisters der Botschaft, Horváth, an. Der brachte ihn im Keller des Botschaftsgebäudes unter, versorgte ihn regelmäßig mit frischem Futter und Milch, kümmerte sich jedoch sonst nicht weiter um ihn. Eines Tages war der Kater verschwunden. Horváth erschrak und rannte mit der aufregenden Meldung bis zum Botschafter.

»Moritz ist abgehauen!«

»Das ist eine sehr ernste Sache«, meinte der Repräsentant der Tschechoslowakei in den USA mit einem kaum wahrnehmbaren Lächeln, und als er mit Generalkonsul Dr. Munk in New York telefonierte, scherzte er: »Ja, und noch etwas. Moritz ist abgehauen. Vielleicht sollten Sie das dem State Department melden, schließlich ist er american born, wer weiß, ob man ihm nicht politisches Asyl angeboten hat.«

Niemand hat nachgeforscht – weil es wohl eine gewisse Vorstellung gab –, wie diese Angelegenheit bekannt wurde. Tatsache ist, daß am nächsten Tag ein gutes Dutzend Journalisten das Generalkonsulat in New York belagerte.

»Who is Moritz?« wollten sie wissen. »Wer ist Moritz?«

»Wie haben Sie davon erfahren?« erwiderte Dr. Munk gleichfalls mit einer Frage und bemerkte dazu beinahe bedeutungsvoll: »Ich habe nichts hinzuzufügen, das ist eine sehr delikate Affäre.«

Botschafter Dr. Outrata in Washington reagierte in ähnlicher Weise. Und so hatten die amerikanischen Journalisten eine von Geheimnis umwitterte Sensation und die tschechoslowakischen Diplomaten ihren Spaß.

Das Botschaftsgebäude zierte ein kleines Türmchen, und

Hausmeister Horváth pflegte dort abends im sicheren Abseits seinem Steckenpferd zu huldigen: er spielte Zither. Eines Tages – es war der dritte nach des Katers rätselhaftem Verschwinden – störten ihn mit einemmal ganz schauerliche Töne. Moritz saß in einer Dachluke und jaulte den Mond an. Horváth unterbrach seine Kunstübung, erwischte ihn, und kurz darauf reiste das Sorgenkind mit seiner Herrin auf einem schwedischen Schiff in den neuen Wirkungsbereich. Damit war die Geschichte jedoch noch nicht zu Ende.

In Schweden durfte Moritz nicht an Land und wurde in die Quarantäne verwiesen. Die Weiskopfs mußten sich damit abfinden. Am nächsten Tag begegnete FCW einem französischen Kollegen aus der Diplomatie, der mit seinem Pudel in den Stockholmer Straßen spazierenging.

»Sie haben einen prächtigen Pudel, cher ami.«

»Ah, ich sehe, Sie verstehen etwas von Hunden. Unser Liebling ist gestern per Schiff bei uns angekommen.«

»Gestern? Per Schiff? Ohne Quarantäne?«

»Aber ich bitte Sie, mon vieux …«

Dies bewog den tschechoslowakischen Gesandten zu einer höflichen Anfrage beim schwedischen Außenministerium, ob es etwa verschiedene Vorschriften für die Landung eines kapitalistischen Pudels und eines volksdemokratischen Katers gäbe. Prompt traf Moritz bei seinen Herren ein, begleitet von einem offiziellen Entschuldigungsschreiben der befragten Amtsstelle.

Bei der Antrittsaudienz des tschechoslowakischen Gesandten erkundigte sich Seine Majestät der König von Schweden freundlich, wie es der Frau Gemahlin gehe. Der Diplomat dankte, seine Gattin fühlte sich in Schweden recht wohl. Und die Kinder, fragte der Monarch weiter.

»Ich bedaure, Hoheit, wir haben keine Kinder. Wir haben nur den Kater Moritz«, antwortete FCW und gab die Geschichte vom Kater und dem Pudel zum besten. Der König, ein hochbetagter Herr, brach in Lachen aus. Er lachte so herzlich, daß er husten mußte. Und er hustete so sehr, daß ihm sein Gebiß … Die Schilderung weiterer Details verbietet die allgemein respektierte Höflichkeit.

Der König bekundete dann Weiskopf während der ganzen Zeit seines Wirkens in Schweden besondere Sympathie. Weiskopf war ein Diplomat nach seinem Geschmack. Gebildet, sprachlich gewandt, intelligent und so wunderbar natürlich und witzig.

FCW verweilte allerdings nicht lange in Stockholm, schon nach einigen Monaten wurde er mit einer neuen Funktion betraut. Aber die kurze Zeit genügte, um ihn in die diplomatische Geschichte Schwedens als eine ungewöhnliche Persönlichkeit einzuschreiben, einen prinzipiell unerschütterlichen Repräsentanten seines Landes, eine glänzende Kombination von Literat und Staatsmann.

Der schwedische Schriftsteller Fritjof Lager fand für das Wirken FCW's in seiner Heimat folgende Worte:

»Weiskopf wandte in seiner diplomatischen Tätigkeit in Schweden Methoden an, die von den üblichen diplomatischen Gepflogenheiten abwichen. Er fürchtete nicht, Altes über Bord zu werfen und Neues zu praktizieren … Daß Weiskopfs Auftreten wirksam war, steht außer Zweifel. Sein Land hätte zu jener Zeit keinen besseren Repräsentanten in Schweden haben können. Weiskopfs Wissen und Intelligenz, sein unkonventionelles Auftreten und sein lauteres Wesen zerbrachen die Schranken und riefen selbst beim Gegner Respekt und widerstrebende Bewunderung hervor.«

FCW mußte nach Prag zurückkehren, weil der damalige Präsident der Tschechoslowakischen Republik, Klement Gottwald, beschlossen hatte, ihn zum ersten Botschafter der volksdemokratischen Tschechoslowakei in der eben gegründeten Volksrepublik China zu ernennen.

In jenem Herbst 1949 liefen wir zusammen einige Stunden lang durch Prag und sprachen über dies und jenes, wie es zu sein pflegt, wenn gute Freunde nach längerer Trennung wieder beisammen sind. Ich fühlte seine Erregung, er war unruhig, wie ich es bei ihm nicht kannte.

»Weißt du«, sagte er mit einemmal, »meine Gedanken springen von einem Kontinent zum anderen. Ich bin in Prag und überlege dabei, welche meiner amerikanischen Erfahrungen auch am Gelben Meer von Nutzen sein werden. Übrigens, kannst du verstehen, warum sie für diesen Posten gerade mich ausgesucht haben?«

»Kann ich«, sagte ich, »ein normaler, selbst noch so guter Beamter würde damit wahrscheinlich nicht fertig werden.«

»Du hältst mich also nicht für normal?« Er lachte vergnügt.

»Für einen normalen Beamten? Keineswegs. Und ansonsten …«

»Fein«, unterbrach er mich, sichtlich zufrieden, »dafür hältst du mich also nicht. Das ist gut.«

»Du wirst über China ein schönes Buch schreiben.«

»Das möchte ich gern.« Er wurde wieder ernst, kritzelte ein Männchen auf die Marmorplatte des runden Tischchens im Kleinseitner Kaffeehaus, in dem wir nach alter Gewohnheit gelandet waren, und fügte leise hinzu: »Wer weiß, ob ich dafür genug Zeit haben werde. Es ist doch eine verdammt schwere Aufgabe, die mich dort erwartet. Alles fremd, alles ganz anders als das, was ich bisher gesehen und gekannt habe. Ich stecke mitten in der Roman-Trilogie aus Österreich-Ungarn, du weißt ja, und jetzt hopp! nach China. Manchmal stehe ich vor dem Zettelkasten und frage mich, ob ich nicht lieber zu Hause bei meinen Leisten bleiben sollte. Aber wahrscheinlich geht das nicht, zumindest jetzt und für uns nicht.«

Der Zauberzettelkasten! FCW war nicht nur ungemein arbeitsam und fleißig, er war auch ungewöhnlich systematisch. In seiner Rocktasche steckte meistens irgendeine Zeitung. An ihrem Rand notierte er Beobachtungen, Aussprüche von Menschen, die er etwa in der Straßenbahn oder beim Einkauf von Obst auffing, auch bei Diskussionen in größerem Kreis oder in einem Privatgespräch. Jeden Abend übertrug er diese flüchtigen Notizen und Beobachtungen auf Zettel, die er in die kleinen Fächer seines Zettelkastens aufteilte.

»Das ist eine bewährte Arbeitsmethode«, hatte mir mein Chefredakteur wiederholt erklärt, wahrscheinlich um mich zu etwas Ordnung bei meiner eher schlampigen Arbeitsweise zu bewegen, »sie liefert verläßlich sachliche Informationen, und oft finde ich in meinem Vorrat auch eine ausgezeichnete Formulierung oder ein passendes Wort. Übrigens ist das Ganze nicht meine Erfindung. In den zwanziger Jahren war ich einmal in Paris und habe die Tochter Emile Zolas, Madame Leblanc, besucht. Ich wollte damals eine größere Arbeit über ihren Vater schreiben. Und sie hat mir den Zettelkasten Zolas gezeigt. Er hatte darin Fächer für Bergbau, Trunkenheit, Krieg, Gericht und so weiter. Zurück in Prag, habe ich mir auch einen solchen Zettelkasten angelegt, und seither habe ich ihn.«

»Was wird mit dem Zettelkasten?« fragte ich jetzt über dem Tischchen im Kleinseitner Kaffeehaus. »Nimmst du ihn mit nach China?«

»Wahrscheinlich. Aber ich werde ihn wohl zusperren müssen, damit er nur europäisch bleibt. Sonst würde ich in der Unmenge von Material untergehen. Wenn ich nur an die chinesische Poesie denke! Die interessiert mich ungeheuer. Du kennst doch Klabunds Übersetzungen der chinesischen Lyrik gegen den Krieg, aber das ist nur sehr wenig, und von ihren jüngeren Dichtern gibt es in der deutschen Literatur praktisch überhaupt nichts. Das würde mich reizen. Bloß die Zeit! Ein unlösbares Problem. Wie soll man ein so riesengroßes Land erst mal kennenlernen, und nicht nur die Politiker, auch das Volk. Und nicht nur das Volk, auch die einzelnen Menschen ...«

Hat er es fertiggebracht? Zweifellos besser als ein »geläufiger« Karrierediplomat. Schriftsteller haben eine besondere Art der Wahrnehmung, vor allem wenn sie Dichter sind. Und FCW war ein Dichter, auch wenn er selbst nicht allzu viele Verse verfaßt hat. Dafür hat er die deutsche Sprache, seine literarische Heimat, um mit Stephan Hermlin zu sprechen, in seinen Übertragungen der Lyrik anderer Völker großzügig bereichert.

»Du hattest zwei Vaterländer«, sagte Hermlin in seiner Gedenkrede an Weiskopf, »denn du warst in Prag geboren und warst in Berlin zum Schriftsteller geworden. Du warst ein treuer Sohn der Tschechoslowakei, aber die Heimat des Schriftstellers ist auch seine Sprache.«

Und weil Weiskopf ein Schriftsteller war, wenngleich zeitweise auch Diplomat, schrieb er immer und überall. Darum war es auch möglich, daß in der Zeit, da er als tschechoslowakischer Botschafter in China wirkte, in Berlin vier Bücher von ihm herauskamen. Pecka, sein tschechischer Fahrer, gewährt uns einen kleinen Einblick in die Arbeitsweise seines Chefs:

»Als wir bei fünfzig Grad Kälte durch Sibirien fuhren und die Lebensumstände sich sehr schwierig anließen, ging er von einem zum anderen und sprach ihm gut zu«, berichtete er. »Er rief uns – wir waren zehn – in seinem Coupé zusammen, sprach über Zweck und Aufgaben unserer Reise und half uns über die Ermüdungszustände hinweg. In der Nacht, wenn alles schlief, war aus seinem Coupé das Klappern der Schreibmaschine zu vernehmen.«

Auf den Seiten des Pekinger Tagebuchs von FCW ist gleichfalls festgehalten, wie unbeirrt und systematisch er auch am Gelben Meer, wie er es vorhatte, seine literarischen Pläne verwirklichte. Sie geben freilich noch über viel mehr Auskunft.

»Zufällig stoße ich – in anderem Zusammenhang – auf eine charakteristische Literaturform des neuen China: die Gewehrkolbenverse. Soldaten der Befreiungsarmee sind die Dichter; in Ermangelung von Papier haben sie ihre Gedichte auf die Kolben der Gewehre geschrieben. Was für eine Aufgabe für einen Literaturhistoriker, diese Poesie zusammenzusuchen!« (8. 4. 1950)

Weiskopf kannte die chinesische Sprache nicht, lernte

ein wenig davon, aber konnte natürlich die Lyrik des Landes nicht im Original lesen. Nach seiner Rückkehr in die Tschechoslowakei fragte ich ihn einmal, wie er es geschafft habe, die Melodik und den Rhythmus einer so völlig andersartigen Sprache zu erfassen. Damals erzählte er mir, er habe sich mit dem Dichter Mao Dun angefreundet, der ihn auf die Besonderheiten chinesischer Dichtung hinwies. Wenn FCW für ein Gedicht Interesse zeigte, las es ihm Mao Dun mitunter auch mehrere Male hintereinander vor, so lange, bis er die Kadenz und Melodik im Ohr hatte. Für die weitere Arbeit genügte dann schon eine grobe, eventuell englische Übersetzung.

Das chinesische Tagebuch FCW's enthält auch eine Aufzeichnung über die letzte Begegnung des ersten Botschafters der volksdemokratischen Tschechoslowakei mit dem Vorsitzenden der ersten chinesischen Volksregierung, Tschou En-lai. In Tagebüchern von Diplomaten findet man sicher nur selten eine Eintragung dieser Art:

»Um sieben empfängt mich Tschou En-lai. Obwohl mit Arbeit besonders überlastet, ... behält er mich fast zwei Stunden bei sich ... Nachher kommt er auf Kultur zu sprechen und bemerkt, daß ich wahrscheinlich in der letzten Zeit mehr von chinesischer Kunst und Literatur ›konsumiert‹ habe als er. Ich gebe ihm ein Exemplar vom ›Gesang der gelben Erde‹, und er beginnt interessiert darin zu blättern. ›Ach‹, sagt er, ›Poesie ... wie hat sich das mit diplomatischen Noten vertragen?‹ – ›Wie Poesie sich überhaupt mit dem Leben verträgt. In keinem Fall schadet sie dem andern, manchmal wird sie geschädigt.‹

Er lacht und sagt: ›Keine schlechte Antwort. War sie nun von dem Diplomaten oder dem Schriftsteller gegeben?‹

›Wenn sie nicht schlecht war, kommt's auf dasselbe heraus.‹«

Vier Tage später veranstalteten Botschafter Weiskopf und Gemahlin einen Abschiedsempfang. Man schrieb das Jahr 1952, FCW war nach Prag zurückberufen worden. Bei sei-

nem letzten Empfang in Peking war er wie immer ein liebenswürdiger und aufmerksamer Gastgeber. Die Repräsenta-
tionsräume der Botschaft waren großzügig mit Blumen ge-
schmückt, wie es der Botschafter liebte. Seine nächsten
Mitarbeiter wußten freilich, daß die Blumentöpfe mit der
duftenden Pracht neben ihrer dekorativen Funktion noch
eine weitere Aufgabe zu erfüllen hatten. FCW vertrug keine
größeren Mengen Alkohol. Dennoch trank er mit jedem
Gast ein Gläschen, oder besser gesagt: Er nahm einen
Schluck und leerte den Rest im gegebenen Augenblick
unauffällig in die nächststehende Vase oder den nächsten
Blumentopf. Auf diese Weise konnte er allen seinen gesellschaftlichen Verpflichtungen nachkommen, ohne dabei seiner Gesundheit zu schaden.

Nach seiner Rückkehr habe ich Franz in Prag bald wie-
dergesehen. Er hatte noch keine Wohnung, war nervös,
konnte sich in der schwierigen innenpolitischen Lage der
frühen fünfziger Jahre mit ihrer Atmosphäre von Verdäch-
tigungen und absurden Anklagen – zum Teil handelte es
sich dabei um seine alten Freunde und Kampfgefährten –
nicht zurechtfinden, versuchte vergeblich zu begreifen, was
unbegreiflich war. Kein Wunder, daß er sich dabei nicht auf
die eigene Arbeit konzentrieren konnte. Als ich mich nach
dem Fortschreiten seiner Roman-Trilogie erkundigte, gab
er mir zum ersten Mal in all den Jahren eine verschwom-
mene, fast nichtssagende Antwort. Wiederum kritzelte er
seine Männchen auf die Marmorplatte des Kaffeehaustisch-
chens. Unsinnig strampelnde Figürchen. Während eines
ganzen Nachmittags holte er kein einziges Mal seine Zeitung aus der Rocktasche hervor, notierte nichts von dem,
worüber wir sprachen.

Dann haben wir einander lange Zeit nicht gesehen. Das
war nicht seine Schuld und schon gar nicht die meine. Unerwartet war der Kreislauf des normalen Lebens unterbrochen. Als ich endlich wieder Gelegenheit hatte, mich nach
dem Schicksal von Freunden zu erkundigen, erfuhr ich,

daß sich Franz und Grete Weiskopf inzwischen in Berlin niedergelassen hatten. Sie waren nun Bürger der Deutschen Demokratischen Republik.

Ich war also nicht dabei, als FCW den Entschluß faßte, aus Prag fortzugehen, wo er auf die Welt gekommen, herangewachsen und gereift war, und nach Berlin zu übersiedeln, der Stadt, in der er gleichfalls zu Hause war und einst als junger, sehr begabter Redakteur begonnen hatte. Ist ihm diese Entscheidung schwergefallen? Ich habe ihn nie danach gefragt, und Grete Weiskopf überhörte geflissentlich Erkundigungen in dieser Richtung. In Berlin lebte FCW bis zu seinem unsinnig frühen Tod inmitten der Sprache, die er so meisterhaft beherrschte und die auch seine »Heimat« war. In seinem Tagebuch gibt es eine Bemerkung, die wohl zumindest teilweise erklärt, was ihn zu seinem schwerwiegenden Schritt bewogen hat:

»... daß der Platz des sozialistischen Schriftstellers dort [ist], wo seine Leser sind; daß es, wieder wie im Krieg, für den deutschen antifaschistischen Schriftsteller notwendig ist, in gewissen Fällen auf die vollen Früchte des langsamen Reifens zu verzichten und mit seiner literarischen Arbeit *aktiv* einzugreifen in einen großen Prozeß, das heißt also, daß er über deutsche Probleme und in Deutschland schreiben soll.« (11. 7. 1952)

Und so ist er denn übersiedelt und hat aktiv in den großen Prozeß eingegriffen. Er schrieb, redigierte, erzog eine Reihe junger Schriftsteller, hielt Vorträge, brachte seine eigenen und auch Bücher von Kollegen heraus. Wenn man heute in den Erinnerungen blättert, die Mitarbeiter und Schriftstellerfreunde von FCW kurz nach seinem Tod niedergeschrieben haben, dann fällt auf, wie oft sich die Klage wiederholt: Wir werden ohne ihn viel missen müssen! Manchmal heißt das: ohne seine organisatorischen Fähigkeiten, ein andermal: ohne seine redaktionellen Kenntnisse oder seine Diskussionskunst. Und immer, als Zusatz oder Seufzer, findet man die Worte: und ohne sein menschliches Verständnis.

Ich habe in Berlin wiederholt mit Freunden über unseren (er war ja doch ein Prager) FCW gesprochen.

»Er konnte allerhand, was andere nicht konnten«, sagte Anna Seghers einmal. Ich kenne den Wert solcher Worte gerade aus ihrem Mund. Sie pflegte mit Lob und Verdammung sehr sparsam umzugehen. Deshalb schwieg ich und wartete, ob sie noch etwas hinzufügen würde. Wir plauderten weiter über Franz, aber in anderem Zusammenhang, über gemeinsame Erinnerungen aus den Emigrationsjahren. Plötzlich stellte Anna ihre Kaffeetasse auf den Tisch, zündete sich eine Zigarette an und sagte: »Paß auf, ich habe einmal eine Geschichte gehört, die so sonderbar war, daß es mir schien, so was kann man vielleicht gar nicht schreiben. Das glaubt einem kein Mensch. Ich habe sie dem Franz erzählt. Und du wirst das nicht schreiben? hat er mich gefragt. Nein. Und kann ich es schreiben? Darum habe ich es dir doch erzählt. Die Geschichte steht in seinem Buch *Not und Größe unserer Tage*. Sie heißt *Die Geschwister von Ravensbrück*. Drei Seiten und drei Zeilen. Er hat es geschafft.«

Von diesen drei Seiten und drei Zeilen hat FCW mehr als die ganze erste Seite dem Bericht darüber gewidmet, wie ihm Anna Seghers diesen Stoff geschenkt hat, weil er ihrer Meinung nach in die Reihe »unwahrscheinlicher Wahrhaftigkeiten« paßte, von denen er so gern erzählte. Die Geschichte war aber auch ein »Wunder der Wirklichkeit«, die wiederum sie liebte.

Weiskopf verehrte Anna sehr, das weiß ich aus den Jahren unserer gemeinsamen Arbeit in der *AIZ*. Deshalb tat er alles und ein bißchen mehr, um sie während des Krieges mit Mann und Kindern aus dem besetzten Frankreich zu retten, und war glücklich, als das endlich gelang.

»Was den Brief Deiner Frau an meine Kinder betrifft«, schrieb ihm Anna Seghers am 15. März 1940 noch aus Paris, »und den Scheck, den sie erhalten haben, so werden sie Dir selbst schreiben. Es war ausgesprochen freundlich von Euch beiden, an sie gedacht zu haben. Es war das erste Mal in ihrem Leben, daß sie Empfänger eines Schecks waren, und vor Freude und Erstaunen wurden sie rot wie Tomaten. ... Ich wünschte sehr, der Augenblick wäre gekommen, wo Ihr nicht mehr so viel Arbeit mit mir habt, wo ich vielmehr etwas für die anderen tun könnte. Eure Freundschaft ist alles, was wir zu dieser Zeit haben, aber das ist viel und sogar ausreichend, um glücklichere Tage abzuwarten.«

»FC wäre sehr froh, wenn er dich jetzt gehört hätte«, sagte ich damals in ihrer Berliner Wohnung, als Anna wieder schwieg. Da lächelte sie mit den Augen und allen kleinen Fältchen in ihrem schönen Gesicht.

»Erzähl mir lieber, was du in der chinesischen Abteilung des Museums von ihm entdeckt hast.«

Franz und Grete hatten einen ausgeprägten Sinn für Schönheit. Schöne Literatur, schöne Musik, schöne Kunst. Als sie in China waren, bezauberte sie dort die zarte Kunst der Porzellanmaler, der robuste Humor wie auch die feine Ironie kleiner Skulpturen, die märchenhafte Poesie der Marionettenkunst aus vergangenen Zeiten. Wann immer sich ihnen dazu Gelegenheit bot, kauften sie eine Kleinigkeit. Mit der Zeit erstanden sie auch größere Stücke, Möbel. Ihre Wohnung am Berliner Strausberger Platz war angefüllt mit diesen Dingen. Sie hatten sie geschmackvoll untergebracht, so daß sie nicht wie Museumsstücke wirkten und die Ruhe und Behaglichkeit nicht störten, sie vielmehr ergänzten und bereicherten. In seinem Testament bestimmte das kinderlose Ehepaar Weiskopf, die Sammlung sollte in den Besitz der Staatlichen Museen der Deutschen Demokratischen Republik übergehen und dort der Öffentlichkeit zugänglich gemacht werden.

Es war ein herrlicher Frühsommertag, als ich mich in Berlin zum Besuch der Museumsinsel aufmachte, genauer gesagt der Ostasiatischen Sammlung des Museums. Gleich hinter der Brücke blühte Flieder, duftete berückend in der heißen Mittagssonne. Unwillkürlich kam mir der Gedanke, ob er so auch im Inferno des Bombenregens geduftet hat und noch früher, bei den Aufmärschen der Männer in den Braunhemden, die beim Klang von Schalmeien den Aufbruch in ein damals noch unbekanntes Inferno geübt hatten. Berlin möge es mir verzeihen, aber es gibt eben Menschen, die sich in dieser Stadt solcher Gedanken nicht erwehren können, besonders dann nicht, wenn in ihnen Erinnerungen eingegraben sind, die nicht verblassen können.

Nach den unerläßlichen Formalitäten in der Pförtnerloge – es war Mittag und dazu noch der Tag, an dem das Museum geschlossen ist – wurde ich von einer auf den ersten Blick sympathischen kleinen Person in Empfang genommen. Sie stellte sich vor: Dr. Renée Violet. Auch ihr Name gefiel mir. Sie geleitete mich in ihr kleines Kabinett, und als ich ihr auseinandersetzte, was mich hierhergeführt hatte, strahlte sie.

»Ich mache uns einen Tee, ja?« sagte sie und lief zum Kocher, holte Tassen, rannte zu einem Regal, brachte mir Kataloge bereits veranstalteter Ausstellungen der Sammlung. »Das muß sein, wenn wir über die Weiskopf-Stiftung sprechen«, sagte sie, »die Kataloge müssen Sie sehen, damit Sie wissen, was wir schon getan haben, und Tee gehört auch dazu.«

Mir war heiß, dennoch lehnte ich den Tee in der Ostasiatischen Sammlung natürlich nicht ab. Das war ein Fehler; der Tee war berlinerisch, schmeckte, als ob er hier auch gewachsen wäre.

Die Kunstgegenstände aus dem Nachlaß des Ehepaares Weiskopf waren zu jener Zeit der Öffentlichkeit nicht zugänglich, die Abteilung befand sich im Umbau. Man zeigte mir die Räumlichkeiten, in denen die Sammlung von Franz und Grete installiert werden sollte. Die Decken waren bereits weiß gestrichen, Fußböden und Wände mit hellgrauem Tuch bezogen, die indirekte Beleuchtung wirkte angenehm. In den Depositorien und einigen weiteren Räumen betrachtete ich dann die prächtigen Gegenstände, die FCW von seiner diplomatischen Gastrolle aus China mitgebracht hatte. Mir wurde dabei ein wenig traurig zumute, sie erinnerten mich an das Arbeitszimmer mit dem mächtigen Schreibtisch im zwölften Stockwerk des Hochhauses am Strausberger Platz. Ich hatte die hohen, schlanken Schränke aus China mit den tadellos geschliffenen Glastafeln gut im Gedächtnis behalten, in denen die verschiedenartigsten kleinen Dinge standen. Auch diese Schränke waren nun hier zu sehen. Auf ihren Regalen gab es viele, zumeist ovale, mit grobem Leinen überzogene Schachteln, die mit allerhand Riemen und Spangen aus Leder versehen waren.

»Was ist das?«

Frau Dr. Violet erklärte mir, FCW habe diese Hüllen anfertigen lassen, als er seine Schätze aus Asien nach Europa überführte. Sie wies auf einen weißen Gegenstand aus Porzellan, der eine feine Zeichnung in blauer Farbe trug und auf dem übereinander mehrere kleine Öffnungen angebracht waren. »Schauen Sie zum Beispiel dieses Gefäß für Malpinsel etwas genauer an. Es ist aus hauchdünnem, transparentem Porzellan, und es wäre doch wirklich jammerschade gewesen, wenn es unterwegs kaputtgegangen wäre.«

Sie zeigte mir verschiedene Gefäße, Krüge, Vasen und Schüsselchen aus Jahrhunderten lange vor unserer Zeitrechnung. Manche dieser Dinge wurden den Toten auf ihren langen Weg in die Ewigkeit mitgegeben, aus anderen tranken die Menschen Wein, bereiteten in ihnen Speisen zu oder entfachten Flammen, um die Aufmerksamkeit ihrer gestrengen oder ihnen freundlich zugeneigten Götter auf sich zu lenken.

Als ich die Figuren aus grauem Ton betrachtete, die mit schwarzer oder hellroter Farbe bemalt sind, tat es mir wiederum leid, daß ich allein vor ihnen stand und ohne den Kommentar ihres Sammlers auskommen mußte, selbst wenn ich mir manche seiner wahrscheinlichen Bemerkungen ganz gut vorstellen konnte.

Zweifellos hätte er mich darauf aufmerksam gemacht, daß das katzenartige Märchentier aus dem 3. bis 5. Jahrhundert v. u. Z. die Torheit der Menschen belache, daß die Kanne in der Form einer selbstbewußten Ente leicht aggressiv dastehe, daß die Tänzerinnen aus jenen längst vergangenen Zeiten nicht mehr ganz unseren heutigen Schönheitsidealen entsprächen, jedoch ungemein graziös in ihren Bewegungen seien. Und so würden wir miteinander vom Tiger aus dem Jahrhundert v. u. Z. zur Eule schreiten, von der Eule zu dem großen Pferd, zu einer Gruppe grinsender menschlicher Figuren und erneut zu den Tänzerinnen.

»Krieger gibt es hier verhältnismäßig wenige«, fiel mir nach einer Weile auf. »Meistens kommen sie in solchen Sammlungen viel häufiger vor.«

»Das stimmt«, meinte Frau Dr. Violet, »das hängt ja wohl auch von der Wahl des Sammlers ab, von seinem Geschmack und letzten Endes auch davon, was ihn am meisten interessiert. Und Weiskopf … Kommen Sie, ich zeige Ihnen noch etwas, das Ihnen sicherlich gefallen wird.«

Wir kehrten in das kleine Kabinett zurück, und dort führte sie mir eine Kollektion von Schattenspiel-Marionetten vor, gleichfalls ein Geschenk des Ehepaars Weiskopf. Unwahrscheinlich gebrechliche Puppen, die sehr schön sind, manche auch auf komische Weise schrecklich. Und versehen mit phantastischen Namen.

Neben einer Regengöttin in Wolken gibt es hier Glück bringende Fledermäuse (bei uns zulande ist die Fledermaus eher der Bote von Unglück und Mißgeschick). Neben einer Prinzessin im Blumenschmuck steht ein Ränke schmiedender Soldat. In der Sammlung befindet sich ferner ein Barbarenoffizier mit Kopf zum Unterschied von einem anderen ohne Kopf und dann noch ein weiterer in der Haltung königlicher Gleichmütigkeit. Schließlich gelangten wir zu einer ganzen Reihe von Höllenbeamten. Einer betreut die Seelen Gehenkter, ein anderer trägt eine Kette für die Fesselung von verdammten Seelen.

Da fiel mein Blick auf den Höllenbeamten mit auswechselbarem Kopf. Wie hat Franz wohl den erstanden? Hat er etwa irgendwo auf einer Straße einer Kindervorstellung beigewohnt und dort diesen Bösewicht aufgetrieben? Oder schlenderte er über einen Marktplatz oder durch ein Gäßchen mit kleinen Läden, kramte zwischen verschiedenen Marionetten, und da flüsterte ihm die tüchtige Händlerin zu, die Puppe, die er gerade betrachte, habe einen auswechselbaren Kopf, sie sei ein Höllenbeamter, und über den Preis würde sie mit sich reden lassen? Ich kann mir vorstellen, daß sich Franz sagte: Also den nehme ich mal auf jeden Fall nach Europa mit!

All das weiß ich natürlich nicht, kann es mir nur zurechtphantasieren. Ich musterte lange das ein wenig zugespitzte Köpfchen über einem schmächtigen Körper mit ungemein beweglichen Händen und Füßen, auch den anderen Kopf, der im Ausdruck nicht ganz so böse ist, kein solches Grauen mehr hervorruft, sogar ein kleines Lächeln versucht. Aber sein Gesicht hellt sich dabei nicht auf, verzieht sich nur ein wenig. Wie sollte es auch – bei einem Höllenbeamten! Den Erdenbürger FCW, der ihn für seine Sammlung von Schönheit und Kuriositäten aus einstiger Zeit erstand, faszinierte zweifellos seine rare Eigenschaft – die Kunst, den Kopf zu wechseln. Vielleicht, weil Menschen, auch wenn sich manche noch so sehr darum bemühen, etwas Derartiges nicht zustande bringen. Vielleicht gerade deshalb.

Zwei Jahre lebte F. C. Weiskopf in Berlin. Dann verbrachte er im Sommer 1955 seinen Urlaub am Balaton in Ungarn. Auf der Rückreise Ende August machte er einen kurzen Aufenthalt in Prag. Es kam zu einer schnellen Begegnung mit ein paar Freunden. Franz war braungebrannt, sah großartig aus. Wir hatten ein hastiges Gespräch, das vor dem Bahnhof, in der Bahnhofshalle, auf dem Bahnsteig fortgesetzt wurde.

»Wie geht es dir? Was tust du?«

»Viel Arbeit, wenig Zeit. Du kennst das ja.«

Grete war ein wenig nervös, wollte schon in den bereit-
gestellten Zug einsteigen. Wir gaben uns die Hand, umarmten einander. Dabei sagte mir FC leise:

»Komm doch mal zu uns. So auf dem Bahnhof, das ist
nichts. Es gibt so viel, worüber man sprechen sollte. Und
paß auf dich auf!«

»Einsteigen! Einsteigen, bitte!«

Der Schaffner klappte die Wagentür hinter ihm zu. Die
beiden Weiskopfs am Fenster winkten, wir auf dem Bahnsteig taten dasselbe.

Knapp zwei Wochen später starb Franz Weiskopf plötzlich. Ich war gerade in der Schuhstadt Gottwaldov und las
die Nachricht unverhofft in einer Zeitung. Hinter dem
Hotel führte ein Weg zwischen Brombeerstauden zu einem
nahen Wäldchen. Dort lief ich auf und ab. Wieso gestorben? Vor zwei Wochen war er ja noch … Und jetzt einfach
weg? Für immer?

Ich wollte ihn doch fragen, wie man auf sich aufpaßt,
wenn man sein Leben lang eigentlich das Gegenteil getan
hat. Und ob es nicht besser ist, man erwischt jeden Zipfel
des Lebens, nimmt und gibt mit vollen Händen, hält auch
mal den Kopf hin, aber nur, wenn es gar nicht anders geht,
und paßt auf, paßt schrecklich auf, daß ja kein Tag leer ver-
rinnt.

Es gab eben noch sehr viel, worüber wir sprechen wollten.

Melantrichgasse
zwischen Nr. 14 und Nr. 7

Das Bärenhaus in der Prager Melantrichgasse, nur wenige Schritte vom Altstädter Rathaus entfernt, hat nach etlichen Jahren endlich sein verunstaltendes Holzgerüst abgelegt. Der Umbau ist beendet, die Gedenktafel, die besagt, daß unter diesem Dach Egon Erwin Kisch das Licht unserer bewegten und von ihm später so oft zu zielbewußter Bewegung ermunterten Welt erblickt hat, zeigt nun von neuem das nicht allzu getreu wiedergegebene, aber dennoch unverkennbare Profil dieses wahrlich einzigartigen Sohnes der Stadt Prag.

Egon Erwin Kisch wurde vor mehr als hundert Jahren, am 29. April 1885, als einer von fünf Söhnen des Tuchhändlers Hermann Kisch geboren. Der Schriftsteller und Journalist, der Weltenbummler, dessen stürmischer literarischer Anlauf ihm alsbald die Bezeichnung »rasender Reporter« eintrug, der Mann mit Freunden buchstäblich auf der ganzen Welt, bekannte sich während seines ganzen rastlosen Lebens stets zu seiner großen Liebe für das heimatliche Prag. Allerdings war sie bei weitem nicht seine einzige Liebe. Kisch hatte ein großes und heißes Herz. Er liebte Frauen und verläßlich, geradezu rührend, seine Freunde. Er war verliebt in die Stadt Paris, gab sich restlos seiner Begeisterung für die Literatur hin, und er aß und trank auch gern. Am liebsten trank er freilich schwarzen Kaffee und genoß dazu eine seiner unzähligen Zigaretten. Er war Antifaschist, Kommunist, ohne diese Selbstverständlichkeit seines Wesens bis zum Überdruß herauszustellen. Er war es einfach, besonders in kritischen Situationen. Den schwarzen, von seiner Frau Gisl durch jahrzehntelange Übung vollendet gebrauten Kaffee tranken mit ihm an seinem Tisch ganz einfache und auch berühmte Männer und Frauen unseres Jahrhunderts. Denn Kisch war ungemein beliebt. Allerdings wurde er auch gehaßt oder zumindest arrogant mißachtet – bei einem so profilierten Menschen und Künstler konnte es ja wohl auch gar nicht anders sein. Er kannte Deutschland wie seine eigene Tasche, wurde während seiner Jahre in Frankreich ein hervorragender Kenner der Französischen Revolution, studierte in Mexiko die Lebensbräuche und die Kultur der Inkas, der Azteken und Mayas.

Und Prag? Das Haus Nr. 14 *Zu den zwei goldenen Bären*, in das er von seinen Streifzügen durch die Welt immer wieder heimkehrte? Ach, Prag!

In den dreißiger Jahren wurde ich zufällig Egons Nachbarin, als ich in eine Mansarde in der Melantrichgasse Nr. 7 einzog. Manchmal schritten wir nachts stundenlang die wenigen Meter zwischen den beiden Häusern auf und ab. Kisch setzte erregt die Diskussion fort, an der er eben im Bert-Brecht-Klub der Prager Antifaschisten und deutschen Emigranten oder im Debattenzirkel deutscher Schriftsteller in der Tschechoslowakei teilgenommen hatte. Ab und zu unterbrach er sich dabei mit einer Bemerkung, wie etwa: »Hast du die prachtvollen Beine des Mädels auf dem Trottoir gegenüber gesehen?« oder: »Willst du mich nicht zu einer Tasse Kaffee einladen? Es ist unhöflich, einen Nachbarn nachts auf der Straße frieren zu lassen.« Gleich darauf wurde er wieder ernst, richtete seinen Blick auf die dunklen Umrisse der Altstädter Türme und seufzte: »Das Nazigesindel wird Prag nicht aus dem Weg gehen. Du bist jung und hast noch nicht viel gesehen, aber ich kenne langsam die ganze Welt und weiß deshalb nur allzu gut, welchen Wert eine Stadt wie Prag hat.«

Prag und Kisch, ein schier unerschöpfliches Thema. Frauen, deren Reizen er so gern erlag, pflegte er im Scherz »Erfahrungen aus fünf Kontinenten« anzubieten. Von Prag aber sagte er, er hätte Europa und die Welt nicht so gut kennenlernen können, wenn er vorher diese Stadt nicht so gründlich studiert und so vertraut gekannt hätte.

In den unruhigen Zeiten vor dem zweiten Weltkrieg erzählte man sich in den Prager Kaffeehäusern jede Woche »die neueste Kisch-Anekdote«. Hier eine von ihnen, die der tschechische Dramatiker und Schriftsteller František Langer gern zum besten gab.

Im Frühjahr 1915 flanierte Egon Erwin Kisch in der Uniform eines Kadett-Offiziersstellvertreters durch die damalige Prager Ferdinandstraße, die heutige Nationalstraße, und erblickte dort verblüfft seinen guten Bekannten aus dem Nachtlokal Montmartre, den Oberkellner Jirák, den er wegen seines markanten Kopfes und scharf geschnittenen Gesichts Hamlet getauft hatte, wie er auf dem Gehsteig hin und her lief und dabei jedesmal vor einem Korporal strammstand und salutierte.

»Verrückt geworden?« wunderte sich Kisch. »Sind Sie übergeschnappt, Hamlet?«

Da erläuterte der Korporal geflissentlich, dieser Reservist habe es verabsäumt, ihn gebührlich nach den Regeln des Militärs zu grüßen. Damit sich in Hinkunft etwas Derartiges nicht wiederhole, habe er ihm befohlen …

»So?« Kisch unterbrach den Redeschwall. »Sie scheinen in Ihrem Eifer außer acht gelassen zu haben, Korporal, daß ich einen höheren Rang bekleide als Sie. Also los, übernehmen jetzt Sie hier die Grußübung, und der Reservist kann gehen.«

Zu meinen liebsten Kisch-Anekdoten zählt folgende aus dem Jahr 1936:

Kurz vor seiner Abreise nach Spanien wurde E. E. Kisch zu einem Vortrag nach Karlsbad eingeladen. Veranstalter des Abends war die Liga für Menschenrechte. Als Kisch pünktlich zur angegebenen Stunde den Vortragssaal betrat, bemerkte er gleich eine ungewöhnliche Nervosität und Aufregung der Organisatoren.

»Ist was passiert?«

»Aber«, lautete die erregte Antwort, »die üblichen Schikanen der Polizei. Ihr Vortrag wurde bewilligt, man gestattet uns aber nicht, Sie vorzustellen und einzuleiten. Während der ganzen Veranstaltung dürfen nur Sie sprechen. Sonst darf niemand auch nur ein Wort sagen.«

»Das ist alles?« Kisch schien sich zu amüsieren. »Das muß euch keine Kopfschmerzen bereiten.«

Schlag acht Uhr schwang der Vorsitzende wortlos ein schnell herbeigeschafftes Glöckchen, die Menschen im überfüllten Saal verstummten, der rasende Reporter trat betont langsam ans Rednerpult und begann beinahe feierlich:

»Werte Freunde! Zuerst gestatte ich mir, Sie zu ersuchen, gemeinsam mit mir im Namen der Organisatoren auf das herzlichste unter uns den erlesenen Gast aus Prag zu begrüßen, den Schriftsteller Egon Erwin Kisch ...«

Weiter kam er nicht. Der Saal erdröhnte vor Lachen und Händeklatschen, nur ein einziger Mensch bewahrte seine eiserne Miene: der anwesende Polizeikommissar.

Wer mit Kisch in Berührung kam, gewann ihn schnell lieb, nicht zuletzt wegen seiner unmittelbaren Herzlichkeit und seines unerschöpflichen Humors. Er war schlagfertig und reagierte prompt auf jede Situation. Seine leichthin geäußerten Bemerkungen waren jedoch oft sehr tiefgründig, verbargen unter ihrem heiteren Ton ein Stück Lebensweisheit, und ihre Wirkung war keineswegs nur unterhaltend.

Im Jahre 1938 fanden in der Tschechoslowakei die letzten Wahlen vor der deutschen Okkupation statt. Über der Republik hing die Drohung des Untergangs, deshalb wurde diesen Wahlen im Augenblick, da es eigentlich um die Entscheidung ging, sich zur Wehr zu setzen oder nachzugeben, außerordentliche Bedeutung beigemessen. In dieser Lage beschloß die Kommunistische Partei der Tschechoslowakei, auch einen Repräsentanten der fortschrittlichen Bürger deutscher Nationalität für den Prager Stadtrat kandidieren zu lassen. Sein Name: Egon Erwin Kisch.

Der befand sich jedoch zu jener Zeit in den Reihen der Internationalen Brigaden in Spanien. Mitte des Jahres 1937 nahm er in Madrid am Internationalen Kongreß antifaschistischer Schriftsteller teil. Im selben Jahr brachte das Hilfskomitee für das demokratische Spanien in Prag seine Reportage *Soldaten am Meeresstrand* über das Krankenhaus der Interbrigaden in Benicasím heraus, das von dem Komitee gestiftet worden war und an dessen Spitze Kischs Bruder, der Chirurg Dr. Friedrich Kisch, stand. Und in dem Jahr, da wir in Prag die Wahlen vorbereiteten, erschien in Barcelona Kischs Reportage *Drei Kühe* über einen jungen Österreicher namens Max, der seine drei Kühe verkaufte, um für den Erlös nach Spanien zu den Interbrigaden fahren zu können.

All diese Umstände ließen es als sehr unwahrscheinlich erscheinen, daß Egon Erwin Kisch am Wahlkampf in der Tschechoslowakei teilnehmen könnte. Zudem begingen die deutschen Faschisten gerade in jener Zeit ein weiteres Verbrechen. Sie schossen über Deutschland mit einem unbekannten, wohl ferngesteuerten Geschoß ein Flugzeug auf der Linie Prag–Paris ab, an dessen Bord sich neben einer Reihe tschechoslowakischer Bürger auch der diplomatische Vertreter der Spanischen Republik in Prag befand. Angesichts dieser neuesten Opfer der Nazis wagte es niemand, dem Autor der Schriften *Gefangener Hitlers* und *Die ersten Tage des Dritten Reichs* (beide bereits Anfang 1933 im Prager Verlag Levá fronta herausgebracht) zu empfehlen, sich in den Luftraum über Deutschland zu begeben. Und mit dem Zug durch das Dritte Reich oder das schon besetzte Österreich zu reisen kam natürlich überhaupt nicht in Frage. Selbstverständlich war es sehr schade, vor den Wahlen auf einen so brillanten Redner verzichten zu müssen, aber leider ging es nicht anders. Wir mußten die Kampagne für Kisch ohne Kisch führen.

Nach einem Foto ließen wir in Riesenformat ein Porträt des Schriftstellers anfertigen, schlugen es auf einen Holzrahmen und brachten das Ganze auf einem Lastauto unter.

Auf dem so geschmückten Wagen, ausgestattet mit Megaphonen aus Blech, mit Gitarren und vor allem mit unserem jugendlichen Elan, fuhren wir kreuz und quer durch Prag, durch die Arbeiterviertel, aber auch durch die Straßen der Innenstadt, und forderten unsere Mitbürger auf, am Wahltag ihre Stimme für diesen nicht nur berühmten, sondern auch erprobten Prager abzugeben. Mit Hilfe der Sprachrohre rezitierten wir dabei kurze, besonders interessante und witzige Abrisse aus seinen Schriften oder erzählten Kisch-Anekdoten und Kisch-Abenteuer. So gab es rings um unseren Wagen viel Lachen und gute Stimmung.

Da bemerkte ich mit einemmal einen Mann, der in einer größeren Gruppe von lachenden Menschen auf dem Gehsteig stand und als einziger ernst, ja beinahe verdrießlich dreinzublicken schien.

»Was ist mit Ihnen los, mein Herr?« rief ich mittels meines Sprechgeräts. »Sagt Ihnen unser Kandidat nicht zu?«

Er winkte mit der Hand ab, als ob er meinte: Laß mich in Frieden!, blieb aber weiterhin stehen. Das steigerte meine Neugierde. Ich sprang vom Auto und ging auf ihn zu.

»Verzeihen Sie, mein Herr, Sie haben irgendwelche Einwände gegen unseren Kandidaten?«

Jetzt lächelte er endlich ein wenig, sein Gesicht verdüsterte sich aber gleich wieder, und durchaus ernst sagte er: »Nein, mein Fräulein, ganz im Gegenteil. Ich befürchte, daß mich Kisch dazu veranlassen wird, zum ersten Mal in meinem Leben die Kommunisten zu wählen.«

Das war eine Geschichte, die Egonek ungeheuren Spaß machte. Während des Krieges mußte ich sie ihm immer wieder erzählen.

Natürlich weiß ich nicht, ob jener Mann vom Gehsteig seine Stimme wirklich für die Partei Egon Erwin Kischs abgegeben hat. Am Wahltag arbeitete ich in einem Wahllokal in der Prager Neustadt mit. Unsere Republik war damals mit einer unverhältnismäßig großen Anzahl politischer Parteien gesegnet. Als am Abend die abgegebenen Stimmzettel ausgezählt wurden, überzeugte ich mich wiederholt mit einem schnellen Blick, wie das Häufchen »meiner« Stimmen im Vergleich mit den anderen ansehnlich wuchs. Die Kommunistische Partei errang damals in Prag einen beträchtlichen Wahlsieg, und dieses erfreuliche Ergebnis war zweifellos nicht zuletzt auch das Verdienst der Kandidatur von Kisch. Am Vorabend des zweiten Weltkriegs wurde er Stadtrat von Prag.

Anfang 1939 besuchte ich das Ehepaar Kisch in Versailles, wo die beiden schon eine Reihe von Jahren ihren Wohnsitz hatten. Egon war sehr nervös. Er rechnete mit einem schlimmen Ausgang des Kampfes in Spanien, zitterte um das Schicksal der Tschechoslowakei, war überzeugt davon, daß der Krieg unvermeidlich geworden war.

»So ein Hitler bleibt nicht stehen«, meinte er niedergeschlagen, »der gönnt mir nicht, auch nur ein einziges Mal im Prager Rathaus meinen Sitz einzunehmen. Und wer hätte ein besseres Anrecht darauf als ich! Du weißt doch, daß ich ein direkter Nachkomme des weisen Rabbi Löw bin, der aus Lehm den Golem modelliert hat und ihm, wenn den Juden Unrecht drohte, befahl: Erhebe dich und geh! So einen Golem würden wir brauchen, wenn die Nazis auf uns losgehen werden. Ich würde ihm auch befehlen: Erhebe dich und geh, die Feinde rücken auf mein Prag zu! Und du kannst dich darauf verlassen, er würde ordentlich losgehen, wenn es ihm ein vom Volk gewählter Stadtrat anordnet.«

Kisch war richtig froh und auch stolz darauf, daß seine Prager Mitbürger für ihn gestimmt hatten. Im letzten Kriegsjahr wohnten wir einmal in Mexiko gemeinsam dem Vortrag eines hohen tschechoslowakischen Offiziers bei. Am Schluß entwickelte der Redner seine Vorstellungen über die befreite Tschechoslowakei. Er deutete eine Erneuerung der Vorkriegsrepublik mit unveränderter Gesellschaftsordnung an.

»Was hältst du davon?« flüsterte ich Egon zu.

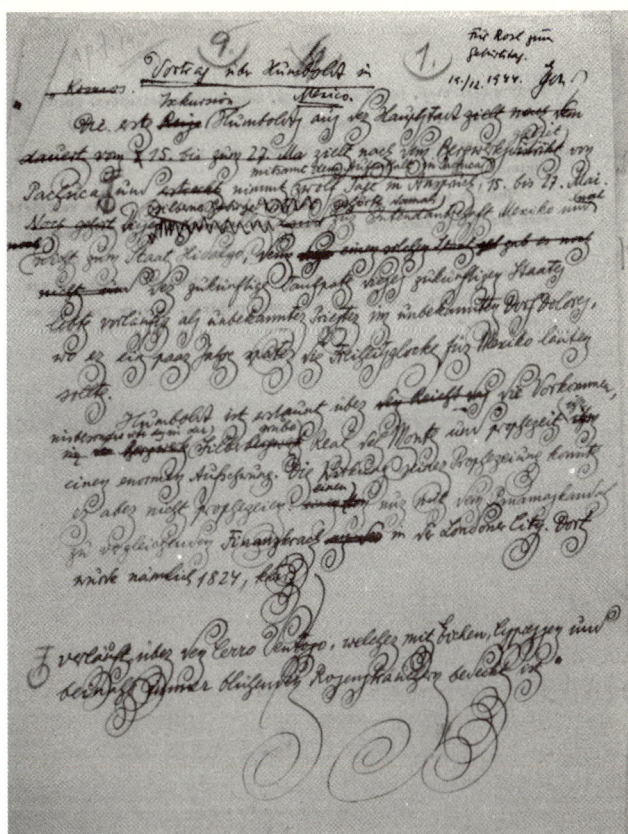

Egon Erwin Kisch, Entwurf für einen Vortrag über Alexander von Humboldt, 1944

»Laß nur«, meinte der bloß. Sowie die Diskussion eröffnet wurde, meldete er sich zu Wort und begann, was ungewöhnlich war, nahezu protokollarisch:

»Gestatten Sie, Verehrtester«, sagte er, jedes einzelne Wort betonend, »daß ich Ihren interessanten Ausführungen ein paar Sätze hinzufüge, als der einzige gewählte Vertreter des tschechoslowakischen Volkes in diesem schönen Land ...«

Niemand im Saal wagte ihm zu widersprechen.

Kisch war, was schließlich gut bekannt ist, lange Jahre mit seinem Landsmann Otto Katz aus Pilsen befreundet, der in der internationalen Zeitungswelt unter dem Namen André Simone bekannt wurde. Die beiden verkehrten miteinander in Berlin vor Hitlers Machtantritt, waren gemeinsam in der antifaschistischen Bewegung in Frankreich und im republikanischen Spanien tätig, verbrachten einige Monate der Emigration in den USA und verlebten weitere Jahre im gemeinsamen Exil in Mexiko. Gemeinsam kehrten sie auch in die befreite Tschechoslowakei zurück. (Kisch hat zum Glück das tragische Ende seines Freundes nicht mehr erlebt, der im Jahre 1952 in Prag unschuldig hingerichtet und einige Jahre später vollauf rehabilitiert wurde.) Simone war ein unermüdlicher Organisator ständig neuer Bereiche antifaschistischer Tätigkeit.

»Wenn Otto eine Woche lang nichts Neues gründet, dann ist er krank«, pflegte Egon von ihm zu sagen und fügte meistens noch hinzu: »Er ist eben ein Politiker, ich bin eher ein Staatsmann, den das Volk gewählt hat.«

Diesem unserem Staatsmann und bekannten Schriftsteller machte es während der Emigration fast immer ordentlich zu schaffen, den Lebensunterhalt aufzutreiben. Genauer gesagt, vor allem machte es seiner langjährigen treuen Lebensgefährtin und späteren Gattin Gisl zu schaffen. Heutzutage kann man sich das kaum noch vorstellen: ein bekannter Autor, eine bekannte Persönlichkeit der Weltliteratur und Geldsorgen? Heute geht es einem anerkannten Autor wohl auf der ganzen Welt zumindest leidlich.

Aber damals war es wörtlich so: Bei Kischs herrschte ständig Geldmangel. Gewiß hing das auch mit der gründlichen, langsamen Arbeitsweise von Egon Erwin Kisch zusammen. Der rasende Reporter schuf bedächtig und bearbeitete seine Manuskripte mit schier unendlicher Geduld. Zuerst machte er sich mit dem Gegenstand seiner Reportage gründlich und tunlichst in unmittelbarem Kontakt allseitig bekannt. Dann las er alles, was schon darüber von anderen geschrieben worden war. Und erst danach setzte er sich an seinen Tisch und langte nach einem Blatt Papier. Er schrieb langsam, in einer ungewöhnlichen, barock anmutenden, verschiedenartig gewundenen, verschnörkelten und dann wieder gestrafften Handschrift. Seine Manuskriptblätter gleichen Pergamenten, besagen viel über die Denkarbeit und das Zögern, über die Spielfreude und Mühe ihres Autors. Die so geschriebenen Blätter übernahm dann Frau Gisl, tippte sie auf der Maschine ab und versah sie am Rande mit »Fliegenschiß« – so nannte das Ehepaar die kuriosen Korrekturpünktchen, mit denen Gisl jede Zeile und jedes Wort bezeichnete, bei dem sie etwas zu bedenken hatte. Ihre Bemerkungen verarbeitete Kisch erneut in weiteren Stunden. Und wiederum wurde das Blatt abgeschrieben, abermals wurden die Sätze redigiert und ausgefeilt, bis sie so klar und selbstverständlich waren wie reines Wasser. Bei dieser Arbeitsweise war es kein Wunder, daß es recht lange dauerte, ehe Kisch ein Manuskript als satzfertig aus der Hand gab. Und seine Schriften über Erlebnisse im Nazigefängnis – er war gleich zu Beginn des »Tausendjährigen Reichs«, am 28. Februar 1933, verhaftet worden – oder Reportagen aus dem kämpfenden Spanien respektive Artikel in Zeitschriften und Publikationen der antifaschistischen Bewegung – die schrieb er schnell, für den sofortigen Bedarf – brachten im ganzen fast nichts ein. Oft war sogar das Gegenteil der Fall: Die Autoren und Mitarbeiter dieser Druckschriften sorgten selbst für die finanzielle und zugleich existentielle Sicherung der Publikationen und ihrer Herausgeber.

Gisl Kisch pflegte von ihrem Mann zu sagen: »Wenn der Egonek fünf Francs in der Tasche hat, dann glaubt er, daß er den Verlag und die Redaktion einer Zeitung finanzieren und obendrein noch zehn Leute zum Abendessen einladen kann.«

Nach der Besetzung der Tschechoslowakei wohnte ich eine Zeitlang mit dem Ehepaar Kisch im Hôtel Moderne in Versailles. Sie waren damals gerade ein junges Ehepaar. Nach wahrlich langjährigem Zusammenleben hat Egon Erwin Kisch die Gisela Liner aus Wien endlich geheiratet. Es war für die beiden eine reine Formalität, zu der sie sich entschlossen, als der Krieg über Nacht ausbrechen konnte. Niemand wußte, wohin der weitere Weg der unfreiwilligen Flucht noch führen würde, und ein Lebensbündnis ohne formale Heirat bedeutete nur ein weiteres Hindernis bei der Überwindung der ohnehin fast unüberwindlichen Paß-, Ausreise- und Einreisevorschriften in den meisten Ländern der damaligen Welt.

Hatte Kisch ein abenteuerlich funkelndes Leben, so war es für Gisl zumeist vor allem recht schwer. Natürlich bangte sie um ihren Mann, wenn er mit falschen Papieren in das damals geheime China fuhr. Sie meisterte ihre Angst damit, daß sie in Moskau, wo sie auf ihn wartete, während der ganzen Zeit seiner Abwesenheit als Sekretärin und ständige Begleiterin von Clara Zetkin arbeitete. Schlaflos waren ihre Nächte, als sie ihren Egonek in den Händen der Nazis in der Spandauer Festung wußte. Als er später nach Australien reiste, trugen die Nachrichten über seine ungewöhnliche Landung auch nicht gerade zu ihrer Beruhigung bei. In den Krieg in Spanien begleitete sie ihn. Sie war weder Soldat noch Schriftsteller, aber eine Frau, die überall nützlich und hilfreich zu sein verstand, sprichwörtlich bescheiden und unauffällig. Und sie war ständig in Sorge, daß Egonek und seine ungezählten Freunde an ihrem Tisch stets satt wurden, wo immer der auch gerade stand.

Als der zweite Weltkrieg ausbrach, hatte Gisl Kisch nur

Lenka Reinerová und Gisl Kisch, Mexiko 1942

einen einzigen Wunsch: Ihr Mann möge so schnell als möglich aus dem bedrohten Europa entweichen. Zum Glück er-
möglichten ihm seine Freunde bald die Ausreise nach Amerika. Er fuhr allein, für Gisl waren die notwendigen Papiere
noch nicht zur Hand. Sie wartete darauf in Versailles, in den
beiden bescheidenen Zimmern im alten Hôtel Moderne, wo
es so laut zuzugehen pflegte. Jetzt war es hier still. Ein Teil
von Kischs ständigen Besuchern saß hinter Stacheldraht, in
hastig errichteten französischen Internierungslagern, ein anderer Teil war in der Illegalität untergetaucht, einigen Glück-
lichen gelang es, nach Übersee oder wenigstens ins scheinbar
sichere England zu entkommen. Dann brach Hitlers Wehrmacht in Frankreich ein. Versailles, in der Reichweite von
Paris, war ein idealer Ort für die Unterbringung ihrer Offiziere. Sie besetzten auch das Hôtel Moderne, dessen Inhaber
jedoch längst ein guter Freund des Ehepaars Kisch war. Seine
neuen, überaus lärmenden, ständig hungrigen und durstigen
Gäste nahmen zur Kenntnis, daß die beiden Frauen, die in
der dunklen und häßlichen Küche still und verläßlich das
Frühstücksgeschirr wuschen und unermüdlich die Weinglä-
ser auf Hochglanz polierten, irgendwelche Schwestern Liner
aus Wien waren. Aber daß die eine von ihnen, die ältere, zugleich auch Frau Kisch war, die Gattin des jüdisch-bolsche-
wistischen Schreiberlings und erklärten Feindes des ewigen
Deutschen Reichs, das ahnten die Herren Offiziere nicht.

In Versailles ging damals alles gut aus. Gisl landete unversehrt bei ihrem Mann in New York und fuhr später mit
ihm nach Mexiko (wo sie wieder mit ihrer Schwester Rosl
zusammentraf, die gleichfalls aus dem besetzten Frankreich entkommen konnte). Und das Leben verlief wieder
»normal«. Egon schrieb, Geld gab es wie gewöhnlich nicht
viel. Ein mexikanischer Freund bot Gisl eine Anstellung.
Er hatte ein kleines Unternehmen mit Damenwäsche, und
Kischs Gattin erledigte dort jeden Nachmittag die Ge-
schäftskorrespondenz. Diese Anstellung bei Luis Lindau,
so hieß dieser bewährte Freund nicht nur des Ehepaars

Kisch, sondern der ganzen Gruppe deutscher Flüchtlinge aus Europa, war in der Tat recht angenehm, handelte es sich dabei doch eher um die würdige Form einer Hilfe. Aber Gisl begriff das nicht oder wollte es nicht begreifen, nahm ihre Arbeit sehr ernst – anders konnte es bei ihr gar nicht sein –, und so war es ihr Arbeitgeber, der sie mitunter überredete, einen Tag nicht ins Büro zu kommen.

Gisl erwähnt fast jeder, der Kisch persönlich kennengelernt und seine unbegrenzte Gastfreundschaft genossen hat. Eine ganze Reihe von Schriftstellern hat ihre ewig dampfende Kanne mit starkem Kaffee besungen, engere Freunde sprechen auch über die kuriosen »Fliegenschisse«, ein Beweis für Gisls schöpferische Mitarbeit an Kischs Schriften.

Und weiter?

Gisl Kisch kehrte nach dem Krieg mit ihrem Mann in sein geliebtes Prag zurück, wo sie allzubald verwitwete. Die tschechische Sprache war für die ältere Wienerin eine harte Nuß, aber sie gab sich redlich Mühe, auch damit fertig zu werden. Dann kamen die schwierigen fünfziger Jahre, und Gisl konnte sich in dem Land, das sie bloß von früheren kurzen Besuchen kannte, nur schwer orientieren. Verstört wiederholte sie oft: »Ich verstehe schon gar nichts mehr.« Als die schlimmste Zeit vorbei war, war ihre Gesundheit zerstört. Neben den alltäglichen bedrückten sie noch ganz unerwartete private Sorgen. Erbzwistigkeiten um die Urheberrechte und Honorare im Zusammenhang mit Kischs literarischem Nachlaß. Ich habe aus nächster Nähe miterlebt, wie Gisl dieser Art von Problemen in keinerlei Weise gewachsen war. Sie stand ihnen ratlos gegenüber, murmelte bloß ihr verzweifeltes: »Ich verstehe schon gar nichts mehr.« Es ist wohl eine Ironie des Schicksals: Egon Erwin Kisch pfiff sein Leben lang auf Besitz und Geld, es interessierte ihn nicht. Und nach seinem Tod hob ein Teufelstanz um seine Erbschaft an, der einer Spießerfamilie würdig gewesen wäre, nicht aber der Prager Familie Kisch. Vielleicht war diese Bitterkeit zuviel für Gisl. Geschwächt und von unbarmherziger Krankheit befallen, starb sie am 14. April 1962. Die Urne mit ihrer Asche wurde neben der ihres Mannes beigesetzt.

Ich weiß, Egonek, daß du diese »Abweichung in Richtung Gisl« gutheißen, ich bin sogar sicher, daß du mich dafür loben würdest. Nicht allzusehr und übertrieben, eben in deiner Art: »Jemand mußte das einmal niederschreiben«, so ungefähr würdest du es sagen, »gut, daß du es warst, Doofe.« Nur würdest du nicht wörtlich »Doofe« sagen, sondern dein zärtliches tschechisches »blbá«, das ich so gern aus deinem Munde akzeptierte.

Es gibt Menschen, die ihr ganzes Leben in der Stadt verbringen, in der sie geboren wurden, und dennoch nicht mit ihr verschmelzen, nur ihre Bewohner bleiben. Kisch war jahrelang auf Reisen, verbrachte den größten Teil seines Lebens im Ausland, aber wo immer er auch weilte, überall blieb er ein Prager. Er betrachtete das weder als besondere Tugend noch als außergewöhnliches Verdienst (ich befürchte überhaupt, ihn in der liebevollen Widerspiegelung der Erinnerung allzu makellos zu schildern). Er war, wie er war, und anders konnte er nicht sein. Während des Kriegs kam dann noch eine bewußte, aktive Solidarität mit den kämpfenden und leidenden Menschen zu Hause dazu. Er ertrug nur schwer den Umstand, so fern vom Schuß zu sein – der rasende Reporter durch Meere von den Fronten getrennt? Konnte sich denn hier in Amerika jemand finden, der ihn auffordern würde: Schreib das auf, Kisch? Er bemühte sich deshalb, nach Europa, konkret nach England, zurückzukehren. Vergeblich. Kisch konnte nicht begreifen, daß man seinem Gesuch nicht nachkam. Man beruhigte ihn nur, er sei doch in Sicherheit, werde von den Plagen des Kriegs verschont. Aber gerade das plagte ihn ja. Er wußte allerdings nicht, daß der britische Intelligence Service, der sich mit der Überprüfung seines Ansuchens befaßte, eine entsprechende Anfrage an die Kanzlei des einstigen Präsidenten der Tschechoslowakei, Dr. Edvard Beneš', in London gerichtet hatte und eine recht kühle Antwort bekam. Das brachte ein Geheimdokument aus dessen Archiv vom 22. Oktober 1940 zutage:

»1. Dr. Beneš hat zur Zeit des Reichstagsbrands nicht zugunsten von Egon Erwin Kisch interveniert, gibt jedoch zu, daß Kisch als Flüchtling in die Tschechoslowakei kam.

2. Dr. Beneš hat niemals ein Urteil bezüglich Egon Erwin Kisch abgegeben.

3. Dr. Beneš hat eine liberale Meinung von Egon Kisch und hält ihn für einen fähigen Reporter und Nazigegner, aber Egon Kisch war nie sein besonderer Protégé und ist es auch jetzt nicht.

4. Dr. Beneš weiß von Egon Kisch, daß er entweder Kommunist oder ein großer Anhänger des Kommunismus ist.«

Wen mag es da verwundern, daß auch die Behörden in den USA nicht gerade begeistert waren von diesem Gast. Kisch hatte in dieser Hinsicht auch keine Illusionen. Als es ihm nicht gelang, nach England zu kommen, übersiedelte er Ende 1940 mit seiner Frau nach Mexiko, das antifaschistische Flüchtlinge aus Europa großzügig aufnahm.

Die Hauptstadt der Vereinigten Staaten von Mexiko zählte damals zu den schönsten Städten der Welt. Wenn man dort lebte, beglückte einen allein schon die Üppigkeit der Natur, der Duft der Mimosenalleen, der Blick auf die schneebedeckten Vulkane Popocatépetl und Ixtaccihuatl und vor allem das strahlende, glasklare Tageslicht. (Nunmehr verdunkelt auch dort der »technische Fortschritt« den leuchtenden Himmel.) Wir fühlten tiefe Dankbarkeit für solches Glück in der Zeit so großen Unglücks. Angeschlagen von grausamen Erfahrungen, empfanden wir die Schönheit unseres Gastlandes als ein seltenes Geschenk. Aber das war auch alles. Keiner von uns ließ sich vom Zauber des Landes in einem solchen Maße betören, daß er damit ausgekommen wäre. Wir waren keine Touristen, wir waren Geflohene und Verbannte.

Einmal fuhr ich mit Kisch in Mexiko mit dem Zug. Die ständig wechselnde, an unseren Augen vorbeiziehende Landschaft war unsäglich schön. Ich konnte mich nicht vom Fenster losreißen. Kisch las.

»Warum schaust du nicht hinaus?« fragte ich ihn. »Draußen ist es herrlich.«

»Weißt du«, antwortete er, »mich interessiert die Natur eigentlich erst von dem Augenblick, da sie der Mensch verwandelt, wenn sie ihm zu dienen beginnt.«

Merkwürdig. Aber vielleicht bedrückte ihn in diesem Augenblick wieder einmal das Bewußtsein, daß er, ein revolutionärer Schriftsteller, sich keineswegs mit der Lage eines bloßen Bewunderers der Natur zufriedengeben kann – auch wenn eine solche Gefahr gerade ihm wohl kaum drohte.

Nun, welche Mittel haben Schriftsteller und Journalisten, wenn sie selbst aus weiter Ferne an einem Kampf teilnehmen wollen, den sie als den ihren betrachten? Sie schreiben. Und dazu ist wiederum eine Zeitschrift das geeignetste Mittel. Wenn ihnen aber die Mittel für dieses geeignetste Mittel fehlen?

Als ich Ende 1941 nach Mexiko kam, hatten unsere Freunde von der deutschen Emigration bereits ihre Zeitschrift *Freies Deutschland*, und bald gelang es ihnen auch, den heute schon legendären Verlag El Libro Libre zu gründen.

Die Gruppe der tschechoslowakischen Emigranten in Mexiko, der sich noch eine Handvoll alteingesessener Tschechen und Slowaken zugesellte, konnte etwas Ähnliches nicht einmal erwägen. Sie setzte sich aus Kaufleuten, einigen Ärzten und ehemaligen Beamten zusammen, »von der Feder«, wie wir zu sagen pflegten, lebten nur Egon Erwin Kisch, André Simone und ich. Aber etwas unternehmen wollten auch wir, die Zusammenarbeit mit unseren deutschen Freunden genügte uns nicht. Wir beneideten sie sogar ein wenig um ihre mehr und mehr verzweigte Tätigkeit.

In Chicago bestand eine bescheidene tschechische Arbeiterzeitung unter dem Titel *Nová doba (Neue Zeit)*, die zweimal in der Woche erschien und von der tschechischen Sektion des Internationalen Gewerkschaftsverbands IWO herausgegeben wurde.

»Wir sollten irgend etwas für sie tun, aber etwas Anständiges«, erwog Kisch eines Tages, nachdem wir beide schon längere Zeit an der völlig mittellosen Redaktion mitarbeiteten. Und dann hatte er einen typisch Egonschen Einfall. Er schrieb damals an seinem Buch *Marktplatz der Sensationen* mit Altprager Geschichten und neu bearbeiteten Reportagen aus der Zeit vor dem ersten Weltkrieg.

»Weißt du was, ich werde der *Nová doba* das Manuskript als Fortsetzungsroman geben«, eröffnete er mir. »Das ist genau das, was sie für ihre Leser brauchen.«

»Aber Egonek, du schreibst doch deutsch!«

»Na und? Du willst nichts für sie tun? Ich werde dir ein Kapitel nach dem anderen bringen, sowie sie Gisl fertigtippt, und du übersetzt sie. Dazu überlassen wir ihnen noch die Originaltexte der Lieder des blinden Methodius, und damit kriegen sie eine Sensation.«

»Großer Gott, Egonek, ich kann dich doch nicht einfach so übersetzen!«

»Warum nicht? Bekanntlich ist Krieg, und ich kann also schwerlich Jarmila [Jarmila Haasová-Nečasová – L. R.] nach Prag schreiben und sie um die Übersetzung ins Tschechische bitten. Mach keine Geschichten, hast dir schon ganz andere Dinge zugetraut. Ich schreibe noch heute nach Chicago.«

Damit war alles gesagt. Die Redaktion war natürlich begeistert. Als erste die tschechische Übersetzung eines neuen Werks des großen Meisters zu veröffentlichen, und noch dazu umsonst! Kisch und ich verzichteten natürlich im voraus auf jegliches Honorar, wir wollten ja dem Blatt helfen. Ein solches Verhalten war übrigens nichts Besonderes im Kreise unserer Freunde. Allerdings, daß ein bekannter Schriftsteller einer unbekannten kleinen Arbeiterzeitung das Recht gab, sein neuestes Manuskript zu publizieren, noch vor der Buchausgabe im Original und dazu noch in einer, milde gesagt, unprofessionellen Übersetzung – das war auch damals etwas recht Ungewöhnliches.

Ungewöhnlich war auch die Zustimmung des Verlags der deutschen Originalausgabe, wie schließlich der ganze Verlag etwas Ungewöhnliches war. Im Juli 1942 war dann für unsere ganze Gruppe ein außerordentlicher Tag. In einer Auflage von zweitausend Exemplaren erschien das erste Buch des neuen Verlages, eben Egon Erwin Kischs *Marktplatz der Sensationen*, und war schon einige Wochen später, im Oktober desselben Jahres, völlig vergriffen.

Als das Buch knapp vierzehn Tage auf dem Markt vorlag, überraschte ich Kisch zufällig auf der Straße, wie er sich von einem Indioknaben die Schuhe putzen ließ. Ich staunte.

»Was ist los, Egonek?«

»Große Dinge. Ich gehe zwar nicht den Erzherzog erschießen – so etwas können die hierzulande viel besser als wir –, sondern dem Staatsoberhaupt die Geschichten aus unserer Melantrichgasse übergeben. Schau mich an, sehe ich würdig aus? Gisl war nicht zufrieden, aber jetzt, mit den Schuhen auf Hochglanz ...«

»Prima siehst du aus«, sagte ich mit aufrichtiger Überzeugung, denn es gab wohl nur wenige Gesichter, die so viel Lausbüberei und Klugheit, so viel Festigkeit und natürliche Liebenswürdigkeit auszustrahlen vermochten wie Egons rundliches Gesicht mit den warmen dunklen Augen von Mutter Kisch. »Gehst du allein hin?«

»Was fällt dir ein, mit Anna, Ludwig und Bodo.«

Dieser denkwürdige Besuch fand am 24. Juli 1942 statt, und Präsident Manuel Avila Camacho zeigte lebhaftes Interesse für die literarische Tätigkeit seiner Gäste aus Europa, die er – seit einigen Wochen selbst Krieg führend – als seine natürlichen Verbündeten betrachtete.

»So einen Präsidenten lasse ich mir gefallen«, lobte ihn Kisch am Abend bei Gisls Kaffeerunde, »ist nicht nur einverstanden, daß wir in seinem Land die Nazis mit dem

Schwarzbuch über ihren Terror in Europa reizen, sondern hat auch das Patronat darüber übernommen und uns die Staatsdruckerei zur Verfügung gestellt.«

Gemeinsam mit Avila Camacho hatten übrigens auch der tschechoslowakische Exilpräsident Dr. Beneš und das peruanische Staatsoberhaupt Dr. Manuel Prado y Ugarteche ihr Patronat für diese kollektive Publikation des deutschen Emigrantenverlags zugesagt.

Das war nun wirklich ein großes Ding. Noch vor diesem Ereignis haben wir in der Wohnung bei Kischs (Avenida Tamaulipas 152) unter vielen anderen in kleinem Kreis ein weitaus bescheideneres, für uns aber nicht weniger wichtiges Ding ausgeheckt. Wir wollten in Mexiko ein kleines Blatt in spanischer Sprache herausbringen, eventuell eine Monatsschrift, um den Menschen dort darzulegen, was die Tschechoslowakei ist, wie sie von den deutschen Faschisten besetzt wurde und wie sie sich dagegen zur Wehr setzt. Kisch rauchte eine Zigarette nach der anderen, Simone kniff in alter Gewohnheit nachdenklich ein Auge zu, ich spielte erregt mit den Tischtuchfransen – und sonst war niemand mehr da, nur wir drei. Auf einmal ging die Tür zu Egons Zimmer auf, Gisl erschien auf der Schwelle und fragte:

»Wollt ihr noch Kaffee, oder gründet ihr schon wieder etwas?«

»Wir wollen Kaffee«, antwortete Kisch, »weil wir soeben etwas gegründet haben.«

»Nein!«

»Aber ja, wieso wunderst du dich, Otto ist doch hier. Wir werden eine tschechoslowakische Zeitung machen, und Otto denkt schon über den ersten Leitartikel nach.«

»Wunderbar.« Gisl wußte nicht recht, ob das ein Scherz oder in der Tat der neueste Plan war. »Ich frage lieber gar nicht, wer das alles bezahlen soll. Und wie eure Zeitung heißen wird, wißt ihr auch schon?«

»El Checoslovaco en México.« Das sagte ich, weil es mir gerade einfiel.

»Na, siehst du«, bemerkte Kisch zufrieden und ohne das geringste Anzeichen von Überraschung. »Bringst du uns jetzt den Kaffee, oder sollen wir bis zur ersten Nummer auf ihn warten?«

Die Zeitung kam wirklich zustande. Die Redaktion setzte sich aus meiner Person zusammen, den Redaktionsrat bildeten Simone und Kisch, die kleine Gemeinschaft der Tschechoslowaken in Mexiko half, so gut sie konnte, besonders beim Versand. Es genügte, den Damen der Tschechoslowakisch-Mexikanischen Assoziation zu versprechen, auch Egon Erwin Kisch werde kommen, um bei den Distributionsarbeiten zu helfen, und schon erschienen sie in großer Anzahl. Mehr noch: Sie rückten mit eigens gebackenen Torten und Kuchen an, »damit der Meister bei der Arbeit etwas zum Naschen hat«. Jeder wußte ja, wo Kisch war, da gab es gute Laune, und die Menschen liebten ihn dafür. Kaum daß er in der Tür erschien, ging es schon los:

»Verkosten Sie meine Torte, Meister, das Rezept habe ich noch aus Prag.«

Er schob die Brille auf die Stirn und betrachtete die verlockenden Leckerbissen. »Ich bin zwar kein Freund von Süßigkeiten …«

Das war nun eine seiner häufigen Redensarten, die man freilich mit Reserve zur Kenntnis nehmen mußte, falls man nicht ihrem tieferen Sinn nachspürte. Jede Art von Süßholz war ihm zuwider. Sobald ihm jemand unverschämt zu schmeicheln begann, war sein Mißtrauen geweckt. Er selbst schrieb über Begebenheiten und Menschen, die seinen Respekt hervorgerufen hatten, für die er sich ganz mit seinem leidenschaftlichen Herzen und scharfen Verstand einsetzen wollte, immer nur die Wahrheit, soweit er sie erkannt hatte. Allerdings verstand er es, sie meisterhaft zum Ausdruck zu bringen, die Phantasie des Lesers zu entzünden, ihn zu einer Stellungnahme herauszufordern. Die Wirklichkeit ist der zarteste Stoff, bemerkte er einmal, und die Lüge der elastischste.

»Jedes überflüssige Wort, jeder Schnörkel und jede Phrase sind nur ein Beweis von Unfähigkeit oder – was noch schlimmer ist – eine Lüge und somit eine Beleidigung für den Leser«, erklärte er mir. »Merk dir das nicht nur fürs Schreiben, sondern überhaupt fürs ganze Leben. Aber rechne damit«, fügte er ein wenig bitter hinzu, »daß das ganz schöne Schwierigkeiten mit sich bringt.«

Ein Freund von solchen Süßigkeiten war Egon Erwin Kisch also nicht, und doch war er imstande, in der größten Mittagsglut ans andere Ende von Mexiko-Stadt zu fahren, wenn ihn die alte Frau Deutsch aus Böhmen zu Schkubanken mit Zucker und Quark einlud. Er zwängte sich in den stets überfüllten Autobus, der in halsbrecherischer Fahrt durch die übervölkerte, sengend heiße Stadt raste, vor allem deshalb, weil ihn die böhmische Speise auf dem Tisch von Frau Deutsch an die goldenen Zeiten der Jugend in seinem goldenen Prag gemahnte. Denn der Weltenbummler Egon Erwin Kisch litt in Mexiko an wachsendem Heimweh. Sein Prag wurde gequält und war unerreichbar. Und so half er sich damit, daß er allem nachspürte, was die beiden so weit voneinander entfernten Länder in der Vergangenheit miteinander verband. Das war nicht wenig.

Es war Egon Erwin Kisch, der darauf hinwies, daß die Habsburger ebenso wie in seiner Heimat auch hier in Mexiko – hundert Jahre vor der Schlacht am Weißen Berg – die Freiheit und Unabhängigkeit des Volkes mit Füßen traten. Er erzählte von den erfahrenen Bergleuten aus Böhmen, die von ihren fremden Herren über das Meer bis hierher gebracht wurden, um für sie aus den Gold- und Silberminen phantastische Reichtümer zutage zu fördern. Er fand heraus, daß das erste Opfer der spanischen Inquisition in Mexiko im Jahre 1536 ein Bergmann aus Mähren namens Ondřej war, der in den Chroniken unter dem Namen Andreas Morab (Morab – Mährer) angeführt wird. Ihm wurde es zum Schicksal, daß er aus dem Land von Magister Jan Hus und der ketzerischen, aufrührerischen Tschechen gekommen war. Kisch faszinierte es, daß die Jesuitenpater nach dem Dreißigjährigen Krieg, in den Jahren 1687 und 1692, da sie in Böhmen unter dem Vorwand, das Ketzertum auszurotten, jedes Fünkchen freien, selbständigen Denkens niedertraten, nach Mexiko segelten, um hier den bisher ungebrochenen Widerstand der Indios zu brechen. Er vertiefte sich in alte Schriften, notierte Namen und Daten, verglich und kombinierte. Er spürte den böhmischen Mönchen nach, die die Nachkommen der Azteken gegen den Willen ihrer Eltern mit Namen wie Wenceslao oder Nepomuceno tauften.

Einmal besuchte ich mit Egon im Palacio de Bellas Artes eine Ausstellung von didaktischen Lehrmitteln im Rahmen der Kampagne gegen den Analphabetismus. Auf einmal blieben wir beide verblüfft vor dem Abbild eines Hundes stehen, unter dem mit großen Buchstaben ČOKL gedruckt stand. Im tschechischen Volksmund ist »čokl« der geläufige Ausdruck für Köter, und nun tauchte dieses Wort im Dialekt eines der zahlreichen Indianerstämme auf.

»Da siehst du es«, sagte Kisch und machte sich eine Notiz auf der Zigarettenschachtel, die stets in seiner Rocktasche steckte. »Wahrscheinlich haben sie diesen Ausdruck eher von unseren Bergleuten als von den frommen Padres übernommen, die sie bestimmt herzlich haßten.«

»Oder umgekehrt: Unsere Bergleute haben ihn von ihren indianischen Arbeitskameraden übernommen und dann auch zu Hause in Böhmen eingeführt. Ich kann mir ganz gut vorstellen, daß dieses Wort ursprünglich indio war.«

»Gar nicht so doof, blbá«, meinte Kisch anerkennend. Im Laufe der nächsten Tage erzählte er dann überall, ich sei wer weiß wie tief in die Dialekte der Indios eingedrungen. »Meine Erziehung schlägt an«, fügte er meistens zufrieden hinzu.

Was die mexikanischen Indianer aber wirklich von den Mönchen übernommen hatten und sogar gern, das war die Art, wie man aus Mais Bier kochen kann. Sie gewannen damit neben dem aus Agaven hergestellten Pulque noch ein weiteres Getränk, um ihren Durst zu löschen – und auch den Jammer über ihr Elend zu ertränken.

Richtig wütend wurde Kisch, wenn jemand in unseriöser Weise über sein geliebtes Prag schrieb, vielleicht in der irrigen Annahme, im fernen Mexiko und noch dazu während des Kriegs könne ja wohl kaum jemand nachprüfen, ob alles stimmt, was man dem Leser vorsetzt.

Ich besitze einen Brief, den mir Egon Erwin Kisch Anfang des Jahres 1944 in Mexiko schrieb. Seit der Wiederaufnahme diplomatischer Beziehungen zwischen Mexiko und der tschechoslowakischen Exilregierung in London war ich bei der Gesandtschaft angestellt, und deshalb wandte sich Kisch fast förmlich, quasi halboffiziell an mich. Sein Schreiben macht auf den Artikel eines Dr. Alfred Stern aufmerksam, einst angeblich Professor an der Sorbonne, der in einer mexikanischen Zeitschrift erschienen war und Kischs empörten Protest hervorgerufen hatte.

»Als Hauptbeispiel für die Kultur der Juden in der Tschechoslowakei wird der Schriftsteller Gustav Meyrink hingestellt«, führt Kisch an, »und in einem eigenen Absatz gesagt: ›El misticismo de los judíos de Bohemia y Moravia llega hasta los banqueros. Fué el banquero judío de Praga Gustav Meyrink, quien escribio la inquietante novela mística *Golem*‹.« [Die Mystik der Juden Böhmens und Mährens reichte bis zu den Bankiers. Es war der jüdische Prager Bankier Gustav Meyrink, der die beunruhigende mystische Novelle *Golem* schrieb. – L. R.]

»Nun war aber Gustav Meyrink weder Tschechoslowake noch Jude«, fährt Kisch fort, »sondern von Abstammung und Religion ein katholischer Bayer; in der kurzen Zeit, während der er in Prag war, stand auf seinem kleinen Lotteriegeschäft die antisemitische Inschrift: ›Erstes deutschchristliches Bankgeschäft‹. Das ist der jüdische Bankier aus der Tschechoslowakei, den der Professor der Sorbonne für typisch hält.

Vom Hohen Rabbi Löw, dessen Leben oft beschrieben ist, weiß der Professor der Sorbonne nichts, als daß sein Ruhm in der christlichen Welt so groß war, ›que se llamó a enseñar como profesor en el célebre seminario de la Iglesia católica de Thein donde también profesó el célebre astrónomo Tycho de Brahe‹ [daß er als Professor ins berühmte Seminar der katholischen Thein-Kirche berufen wurde, wo auch der berühmte Astronom Tycho de Brahe lehrte – L. R.]. In Wirklichkeit hat der (in der Kirche begrabene) Tycho de Brahe in der Kirche oder einem ihr angeschlossenen Seminar niemals gelesen und noch weniger der jüdische Oberrabbiner.

Von der weltberühmten Altneusynagoge kennt der Professor der Sorbonne nur ›su maravillosa biblioteca y su torrecilla con un reloj en cifras hebraicas y cuyas agujas marchaban de derecho a izquierda‹ [ihre wunderbare Bibliothek und ihr Türmchen mit einer Uhr mit hebräischen Ziffern, deren Zeiger sich von rechts nach links bewegen – L. R.]. Außer Professor Stern«, bemerkt Kisch, »hat in der Altneusynagoge noch niemand diese wundervolle Bibliothek gesehen, niemand einen Turm und niemand eine Uhr. (Eine solche ist am Jüdischen Rathaus.)

Von tschechischen Dichtwerken hebt er nur František Langers Drama ›Der heilige Wenzel‹ hervor. Gibt es dieses Drama überhaupt? Der Professor der Sorbonne sagt, es sei ›penetrado de ese misticismo seductor de Bohemia‹ [durchdrungen von jener verführerischen Mystik Böhmens – L. R.].

Der auch sonst von falschen Angaben strotzende Artikel schließt mit einer Apotheose auf den gewissenhaftesten Wahrheitskünder des tschechischen Volkes, auf Tomáš G. Masaryk.

Will man sich das gefallen lassen?«

Soweit jener Brief, der wohl ganz gut zeigt, wie getroffen sich Kisch fühlte, wenn jemand in einem einzigen Artikel einen solchen Haufen von Unsinn zusammentrug, noch dazu über Prag und seine Altstadt.

In der kleinen Villa, die damals die tschechoslowakische Gesandtschaft beherbergte, war Egon häufig mein Besucher. Immer kam er mit der gleichen Frage:

»Was gibt es Neues?«

Die Nachrichten von zu Hause waren nicht gut. Neue Verbrechen der Okkupanten, Namen neuer Opfer. Kisch durchblätterte diese Informationen, die meistens aus dem Londoner Büro der tschechoslowakischen Presse-Agentur stammten, und sprach dann seine zweite Frage aus:

»Und was werden wir tun?«

Manchmal führte ich ihn dann vor die große Karte Europas, die in meinem Zimmer an der Wand hing und auf der ich täglich mit Stecknadeln den Verlauf der Fronten verzeichnete.

»Schau, Egonek, dieser rote Stecknadelkopf ist Stalingrad. Siehst du, wie sich die Front allmählich in Richtung Tschechoslowakei vorwärts schiebt?«

Er schwieg. Erst nach einer Weile wiederholte er mit einem Seufzer:

»Und was werden wir tun?«

Eines Tages kam die Nachricht vom Massaker in Lidice. Am nächsten Tag erschien Kisch in der Gesandtschaft.

»Was gibt es Neues?«

Ich zeigte ihm eine Reihe von Protest- und Solidaritätserklärungen, die wir bereits erhalten hatten, den Brief von Eltern eines neugeborenen Indianermädchens, in dem sie der Gesandtschaft mitteilten, sie würden ihr Töchterchen auf den Namen Lidice taufen lassen (welch eine Wendung seit den erzwungenen Taufen mit Wenceslao, Nepomuceno!), und erzählte ihm, das Dorf San Jerónimo Aculco in der Nähe der Hauptstadt habe beschlossen, den Namen Lidice anzunehmen.

»Schön«, sagte Kisch. »Und was weiter? Was werden wir tun?«

Dieses »wir« hatte bei ihm in Mexiko eine neue Steigerung erfahren. Vor allem umfaßte der Begriff »wir« die

zahlreiche, bunt zusammengewürfelte Gruppe von Antifaschisten aus Europa, »wir«, das war aber auch das Dreiblatt
Otto Katz, er und ich, wir aus der Tschechoslowakei. Bloß
im Ausnahmefall bedeutete »wir« nur das Ehepaar Kisch,
Egon und Gisl. »Wir« waren freilich auch die verbündeten
Armeen. Und so wurden »wir« allzu lange an den Fronten
geschlagen, und »wir« begannen endlich an der Ostfront
die Faschisten zu schlagen. Einmal versammelten wir an
unserem Tisch Pablo Neruda, John Steinbeck und Anna
Seghers und dann wieder die Kinder von Freunden, die den
großen Zauberer Kisch besuchen kamen. Wir redigierten
die Zeitschrift *El Checoslovaco en México*, und wir haben
auch den Verlag El Libro Libre gegründet. Wenn man das
alles zusammennahm, so hatten wir bei alldem ein ordent-
liches Stück Verantwortung auf uns geladen, und wir hatten es, weiß Gott, nicht immer leicht.

»Und was werden wir tun?«

Nach dem schrecklichen Ereignis in Lidice fand im
Theatersaal des Palacio de Bellas Artes eine große Solida-
ritätskundgebung für die Tschechoslowakei statt. Egon Erwin Kisch lehnte es ab, dabei aufzutreten.

»Soll lieber Simone sprechen«, schlug er vor, »er hat in-
ternationales Format und ist Politiker. Und du«, fügte er
zu meinem Entsetzen hinzu, »du solltest dort auch etwas
sagen, so als junge Frau aus der Tschechoslowakei, weißt
du. Das wäre eine gute Kombination. Aber vor allem müssen natürlich Mexikaner zu Wort kommen, das ist klar.«

Vielleicht war es wirklich eine gute Kombination. Kisch
redete ungern öffentlich in spanischer Sprache, die er nicht
genügend beherrschte, um frei sprechen zu können. Und
eine Rede ablesen? Das kam überhaupt nicht in Frage. »Das
ist doch nichts«, pflegte er zu sagen, »das kann doch jedes
Schulkind, das lesen und schreiben gelernt hat. Man kann
doch nicht voraussehen, wie die Menschen im Saal reagieren
werden, wann man etwas näher erklären und wann man sich
ein wenig beeilen muß, um nicht zu ermüden. Ich habe

noch nie erlebt, daß jemand seine Zuhörer mit einer vorgelesenen Rede mitgerissen hat. Kannst du dir Lenin vorstellen, wie er den Menschen vorliest, daß sie den Winterpalast stürmen sollen?«

Am Tage der Manifestation war er dann beinahe noch aufgeregter als ich, falls das überhaupt möglich war. »Mach uns keine Schande, blbá«, ermahnte er mich, »sonst sage ich es nach dem Krieg in Prag.«

Alles fiel jedoch gut aus. Ich wurde – eine junge Frau aus der Tschechoslowakei – so herzlich begrüßt, daß ich mein Lampenfieber beinahe vergaß, und sprach spanisch und frei.

»Meine Schule«, bemerkte Kisch nachher zu Konstantin Alexandrowitsch Umanski, dem Botschafter der Sowjetunion, den er schon viele Jahre gut kannte. »Übrigens, nichts Besonderes, du würdest staunen, wie großartig die Mädchen bei uns in Prag sind.«

Seine Bekanntschaft mit Konstantin Alexandrowitsch datierte aus den letzten zwanziger und frühen dreißiger Jahren, da dieser überaus junge und überaus talentierte Korrespondent der Presse-Agentur TASS zuerst in Wien und dann auch in Berlin die Aufmerksamkeit auf sich zog. Zu Anfang des Krieges waren sie einander wiederum in den USA begegnet, »Sascha« war inzwischen Botschafter der UdSSR, als solcher kam er dann auch nach Mexiko. Im Sommer 1943 hatte er zwei Gäste. Der Schauspieler und Nationalkünstler Solomon Michailowitsch Michoels und der Dichter Itzik Fefer bereisten als Abgesandte des Jüdischen Antifaschistischen Komitees der Sowjetunion Amerika, um mit einer Vortragstournee Geld für die Errichtung von Heimen für Kriegswaisen in ihrer so schwer geprüften sowjetischen Heimat zu sammeln.

»Der Mann ist phantastisch häßlich«, sagte Kisch von Michoels, den er natürlich auch schon von seinen Aufenthalten in der Sowjetunion kannte, »und dabei schrecklich schön. Der versteht zu flüstern, daß es einem durch Mark und Knochen geht.«

Zwei grosse Maenner aus der Sowjetunion in Mexiko

Von den offiziellen Stellen der U.S.A., wie in Massenversammlungen aller Parteien und Konfessionen (z. B. in dem Meeting auf dem New Yorker Polo-Stadium, an dem 100.000 Personen teilnahmen), wurden mit Jubel die beiden Vertreter begruesst, welche das Juedische Antifaschistische Komitee der Sowjetunion nach Amerika entsandt hat. In Mexiko sind sie offizielle Gaeste der Stadt. Die juedischen und demokratischen Verbaende haben sich zu ihrem Empfang vereinigt und eine Riesenkundgebung im *Teatro Iris* veranstaltet. Waehrend in Europa Kunst und Kuenstler im Sinne einer Barbaren Ideologie ausgerottet werden, hat man in Moskau zwei Kuenstler dazu erwaehlt, dem Ausland ueber die Greuel der Nazi-Soldateska Bericht zu geken. Die beiden Repraesentanten sind Professor Samuel Michoels und J. Pfeffer Samuel Michoels hat anlaesslich des Gastpiels, das vor etwa 15 Jahren das Moskauer Juedische Kammertheater in Paris, Berlin und Prag gab, von der Kritik den Titel des *groessten Buehnendarstellers unseres Zeitalters* geerntet; nach Granowskis Abgang ist Michoels zum Direktor dieser beruehmten Buehne erwaehlt worden.

J. Pfeffer ist im Westen weniger bekannt, da seine Werke in jiddischer Sprache geschrieben, mit ihren eigenartigen Formulierungen und lyrischen Inhalten der Uebersetzung starke Widerstaende entgegen stellen; aber wie David Bergelson als der groesste Romancier jiddischer Sprache dasteht, gilt Pfeffer als ihr groesster Poet. Im Kriege hat sich Pfeffer wiederholt ausgezeichnet und den Rang eines Oberstleutnants erworben.

Im Teatro Iris sprachen die beiden Gaeste am 19. August in jiddischer Sprache von dem Leben und Kampf des juedischen Volkes gemeinsam mit allen Sowjetvoelkern als Gleiche unter Gleichen. Michoels ergreifende Rede steigerte sich immer wieder zum Ruf: "TOD DEM FASCHISMUS!" Dem Sowjetbotschafter Konstantin Umansky, der in seiner Rede erklaerte: "Immer noch besteht eine einzige Front in Europa!" wurde eine grosse Ovation dargebracht, als dem Repraesentanten des Landes, das der entschiedenste Bekaempfer jeder Rassendiskriminierung ist.

»Freies Deutschland«, Mexiko, September 1943

In Mexiko hielt Michoels im überfüllten Kinosaal des Teatro Iris seinen Vortrag.

»Jetzt werdet ihr gleich erleben, was die menschliche Stimme vermag«, flüsterte uns Egonek zu, als der kleine Mann von schmächtigem Wuchs, mit einer auffallend gewölbten Stirn, etwas hervorquellenden Augen und einer leicht geschürzten Unterlippe die kleine Bühne betrat.

Michoels begann leise. Aber bald hatte man das Gefühl, der Zuschauerraum ringsum verschwinde, Mexiko mit seinem strahlenden Sonnenlicht, mit der von ständigem Blütenduft und den süßen Melodien der Gitarren getränkten Luft entrückte in eine unnahbare andere Welt. Michoels sprach, und vor unseren Augen gähnte der schwarze Abgrund von Massengräbern. Er flüsterte beinahe nur, und wir hungerten mit den Kindern von Leningrad und gruben unser eigenes enges Grab, in dem wir lebendig verschüttet werden sollten. Wir durchschritten nackt, angetrieben vom wilden Gejohle deutscher Wehrmachtsoldaten, eine nicht enden wollende Dorfstraße. Wir froren und wußten, daß unsere letzte Stunde gekommen war.

Das war keine Stimme mehr, das waren die letzten Tränen von Müttern, der letzte Jammerschrei von Kindern, das letzte Stöhnen Sterbender. Wer könnte soviel Elend ertragen!

Da verwandelte sich die Stimme jäh. Sie wurde klar, fast melodisch und dabei fest und rhythmisch wie Trommelwirbel. Sie stürmte vorwärts. Denn nun sprach Michoels vom Gegenangriff, von den Partisanen im Rücken des Feindes, von der Befreiung am Ende des Krieges, sprach vom sicheren Sieg der Menschheit.

Als er seine Rede beendet hatte, in der Sekunde ergriffener Stille, ehe der Applaus losdonnerte, sagte Kisch leise, seufzte es eher:

»Wir haben einen Menschen gehört.«

Am nächsten Tag gab es ein Bankett zu Ehren der Künstler, wie das in Mexiko üblich zu sein pflegte und bei dem gleichfalls eine ansehnliche Summe für die Waisenhäuser zusammenkam. Ein von Herzen kommender, mitreißender Trinkspruch Kischs hat zweifellos zu diesem Erfolg mit beigetragen. Es gibt ein schönes Foto, aufgenommen auf dem Balkon des Restaurants, in dem das Bankett stattfand. Es zeigt Konstantin Alexandrowitsch Umanski, Solomon Michailowitsch Michoels und Egon Erwin Kisch, alle drei lächeln in guter, freundschaftlicher Zusammengehörigkeit. Wer hätte ahnen können, daß bloße fünf Jahre später keiner von ihnen mehr am Leben sein würde. Nur Kisch hatte das Glück, eines natürlichen Todes zu sterben.

Im Jahre 1944 war die endgültige Niederlage Hitlerdeutschlands nur mehr eine Frage der Zeit. In Mexiko begannen aus Europa gute und schlechte Nachrichten einzutreffen. Gute über die fortschreitende Befreiung von Städten und Ländern, schlechte darüber, was die Befreier dort vorfanden.

Kisch erfuhr, daß zwei seiner Brüder, der Bankbeamte Arnold und der Journalist Paul, von den Nazis umgebracht worden waren. Als uns Gisl davon telefonisch unterrichtete, lief ich zu ihm.

»Ich weiß nicht, ob dich Egonek zu sich lassen wird. Er will niemanden sehen«, sagte Gisl, als sie mir öffnete.

»Ich probier's.« Ich klopfte an die Tür seines Zimmers. »Mach mir auf, Egonek, bitte!«

Nach einer Weile hörten wir schlürfende Schritte. Er schloß auf, war im Pyjama, unrasiert. Die Hand mit der Zigarette zitterte.

»Gibt's Kaffee?« fragte er, als er Gisl erblickte. »Komm herein, blbá, bist auch aus der Melantrichgasse, und auf dich wartet dasselbe, wirst schon sehen.«

Er war zutiefst niedergeschlagen, dennoch führten wir an jenem Tag ein stundenlanges Gespräch. Kisch erzählte von der Mutter, den Brüdern, von Prag und den ausgelassenen Jahren seiner Jugend, von seiner regelmäßigen Heimkehr.

Egon Erwin Kisch im Gespräch mit dem sowjetischen Botschafter
Konstantin Umanski (Bildmitte) und dem Schauspieler Solomon
Michoels, Mexiko, August 1943

»Das ist jetzt alles vorbei«, schloß er mit einem Seufzer.

»Warum und wann hast du dich eigentlich tätowieren lassen?« fragte ich, um ihn auf andere Gedanken zu bringen.

Er betrachtete seine ausgiebig dekorierten Arme und sagte:

»Das ist schon lange her. Eine Verrücktheit der Jugend. Das heißt, so verrückt war es wieder nicht. Was soll ich dir erzählen, ich habe doch alles geschrieben. Lies es dir gefälligst durch.«

Aber ich wußte ja, daß sich Kisch nur deshalb hatte tätowieren lassen, um seinen Kameraden vom k. u. k. Infanterieregiment Nr. 11 zu beweisen, daß er sich weder vor der im Kreis herumgereichten Schnapsflasche noch vor dem Zug aus der gemeinsamen Zigarette oder gar vor der leicht rostigen Tätowiernadel ekelte. Ich wollte ihn bloß durch die Erinnerung an den längst vergangenen Krieg von den Grausamkeiten des gerade zu Ende gehenden ablenken.

Als ich an jenem Tag zu später Stunde mit meinem Mann Theo Balk von den Kischs aufbrach, begleitete uns Egon – immer noch im Pyjama, immer noch dunkle Bartstoppeln im Gesicht – mit der Zigarette im Mundwinkel zur Wohnungstür. Dort sagte er zu Balk:

»Komm mich holen, wenn deine Frau dieselbe Nachricht aus Prag bekommt wie ich heute. Die ist unvermeidlich, und ich habe ihr versprochen, daß ich auch gleich zu ihr komme.«

Er hatte mir nichts dergleichen versprochen, aber als ich erfuhr, daß die Nazis meine Eltern und meine beiden Schwestern umgebracht hatten, kam er unaufgefordert sofort zu uns. Er setzte sich neben mich und sagte:

»So ist es halt. Weißt du, wie viele Menschen jetzt solche Briefe bekommen?«

»Und was werden wir tun, Egonek?« wiederholte ich die so oft von ihm gehörte Frage.

»Was tun? Weitermachen.«

Endlich kam der 8. Mai 1945. Ungefähr um neun Uhr früh erreichte mich die Nachricht, daß der zweite Weltkrieg aus war. Tagelang hatten wir auf diese Meldung gewartet. Wir wußten ja schon, daß wir den Tag erleben würden, was in den vorangegangenen Jahren nicht immer so sicher gewesen war. Aber erst jetzt, in diesem Augenblick, vernahm ich die Nachricht aus dem Rundfunkgerät in der Gesandtschaft. Erst spanisch, dann drehte ich den Knopf ein wenig weiter und vernahm sie nochmals in englischer Sprache. Zugleich setzten sich die Glocken in den zahlreichen Kirchtürmen der Stadt in Bewegung. Se acabó la guerra! Von der Straße erklang Gitarrenspiel. Ich stürzte zum Telefon. Mein Mann war nicht zu Hause. Ich drehte eine weitere Nummer.

»Egonek! Herr Stadtrat!«

»Schon gut, blbá«, sagte er in seiner rauh zärtlichen Art, merkwürdigerweise aber ganz traurig, »sei in einer Weile fertig, ich hol dich ab. Wir haben beschlossen, alle gemeinsam im Wiener Restaurant zu Mittag zu essen. Gisl und Theo kommen direkt aus der Stadt hin.«

Es gibt Tage, die man nicht vergessen kann. Dieser war so einer. Ich ging Egon Erwin Kisch entgegen, traf ihn auf der Straße unweit unserer Gesandtschaft, an der Ecke der Avenida Tamaulipas. Er trug einen dunklen Anzug, hatte seine ewige Zigarette in der Hand, es war heiß, seine Schuhe bedeckte eine Staubschicht. Er blickte mir, ohne zu lächeln, entgegen, selbst in seinen Augen funkelte es nicht, seine ganze Person drückte unendliche Müdigkeit und Trauer aus.

»Egonek«, sagte ich erschrocken, »der Krieg ist doch zu Ende.«

»Eben.« Er seufzte, hängte sich schwer in mich ein, wie jemand, der einen Halt sucht. »Was werden wir jetzt erst alles erfahren. Das ganze unfaßbare Sterben.«

In jenem Augenblick ahnten wir noch nicht, daß bei uns zu Hause der Krieg überhaupt noch nicht aus war. Auf den Prager Barrikaden wurde noch geschossen und gestorben.

Bald darauf riß uns ein Strudel zahlloser erregter, glücklicher Menschen mit. Sie kamen von allen Seiten gelaufen, tanzten mehr, als sie marschierten, strömten alle zum Zócalo-Platz vor dem Präsidentenpalast, warfen ihre runden Strohhüte in die Luft, klimperten auf Gitarren, trommelten, sangen, fuhren in einem Käfig mit der Aufschrift »Hitler y sus compañeros!« einen großen Affen umher.

Wir fanden unsere Freunde, reihten uns in die ausgelassene Menge ein, schrien und jubelten alsbald wie sie. Mir aber klangen weiterhin Kischs traurige Worte in den Ohren. Er hatte leider tausendfach recht. Und es war typisch für ihn, daß er im Augenblick, da die ganze Welt erleichtert aufatmete, an jene dachte, die niemals mehr einen Atemzug tun würden. Es war ein grundlegendes Merkmal seines Charakters, seines Herangehens an Geschehnisse und Menschen, daß er alles stets von allen Seiten zu betrachten und abzuwägen suchte.

Noch vor jenem historischen Tag feierte unsere große Gruppe europäischer Antifaschisten ein gleichfalls historisches Ereignis: Egon Erwin Kischs 60. Geburtstag. Aus diesem Anlaß führten seine Schriftstellerfreunde unter Ausschluß aller Schauspieler und Theaterleute sein Stück *Der Fall des Generalstabschefs Redl* auf. Die Vorbereitungen wurden natürlich vor Kisch streng geheimgehalten, doch die Neugier des Autors, der sehr schnell »etwas Phantastisches« schnupperte, war schier unbezähmbar.

»Was gibt es Neues? Ich höre, du bist ein kolossales Schauspielertalent.«

»Hier, lies dir die Manuskripte für die nächste Nummer vom *El Checoslovaco* durch, Egonek, und misch dich nicht in die Privatangelegenheiten anderer Leute ein.«

»Ich weiß sowieso alles.«

»Fein, dann mußt du mich wenigstens nichts mehr fragen.«

Wir hatten es damals nicht leicht mit ihm, aber er hatte es mit uns entschieden noch viel schwerer. Er wußte, daß ein Riesenspaß vorbereitet wurde, und durfte dabei nicht mitmachen. Und das sollte, bitte, eine Geburtstagsfeier für den rasenden Reporter sein!

Am 29. April 1945, an dem Tag, da er sechzig Jahre alt wurde – und nur so wenige Tage vor Kriegsende! –, fand im Restaurant des Palacio de Bellas Artes ein Festbankett zu Ehren von Egon Erwin Kisch statt, wie das nun einmal in Mexiko bei ähnlichen Gelegenheiten üblich war. Ich hatte dem Jubilar und seiner besorgten Gisl versprochen, auf alles zu achten, auf den Versand der Einladungen, die Auswahl der Speisen (»und paß auf, daß es niemanden zuviel kostet. Du weißt, ich bin kein Freund von Süßigkeiten …«), auf die Begrüßung der Gäste.

Zur angegebenen Stunde erschienen unsere Landsleute von der Tschechoslowakisch-Mexikanischen Assoziation und Emigranten aus ganz Europa. Auch zahlreiche mexikanische Freunde – Schriftsteller, Abgeordnete, Gewerkschafter – nahmen am Tisch Platz. Da bemerkte Kisch am oberen Ende der Tafel zwei leere Stühle.

»Wer hat uns da im Stich gelassen?« flüsterte er mir zu.

»Laß nur«, beruhigte ich ihn, »alles ist in bester Ordnung.«

Der tschechoslowakische Gesandte war bereits zugegen, ebenso einige mexikanische Politiker, ausländische Journalisten, bekannte Schriftsteller und Künstler. Die Festrede sollte Vicente Lombardo Toledano halten, Präsident der Konföderation der Gewerkschaften Lateinamerikas. Kisch begrüßte die Gäste, ließ aber die Tür nicht aus den Augen. Für wen konnten bloß die beiden leeren Stühle sein? Endlich! Auf der Schwelle erschien der Militärattaché der Sowjetbotschaft mit seinem Adjutanten (Botschafter Umanski war inzwischen zu unser aller Trauer mit seiner Gattin Raja und dem ersten Botschaftssekretär bei einer nie richtig aufgeklärten Flugzeugkatastrophe umgekommen), beide in Galauniform.

Kisch eilte ihnen entgegen.

Zu Kischs Sechzigstem

Dem sechzigjaehrigen Egon Erwin Kisch sind in seiner Geburtstagswoche in der Stadt Mexico zuteilgeworden: Die vierjaehrige Andrée schenkte ihm ein Bilderbuch zum Ausfaerben, der gleichaltrige Mischu seine schoensten Murmeln, Hammele seinen Hampelmann, Julio hatte ihm eine Regen gemalt und Marielu ein windschiefes Haus, Burli ein spanisches Gedicht gemacht, Rolf eine Geschichte geschrieben. Durch all den Kinderradau hatten sich erwachsene Gratulanten und Boten mit Telegrammen aus aller Welt und Paketen durchzudraengen. Die vier Jahrgaenge unserer Zeitschrift, ueber 1000 Seiten, stellen sich gemeinsam in einem Gewand aus gruenem Maroquinleder mit goldgepraegter Widmung ein, waehrend die "Demokratische Post" als rotbrauner Foliant ihren Wunsch aufsagte. Die Freien Oesterreicher (A.R.A.M.) brachten Kisch, dem Kommandanten der Wiener Roten Garde von 1918, eine Brieftasche, die Association Checoslovaca - Mexicana ueberreichte ihrem Prager Stadtrat ein Fuellfeder-Set, seine deutschen Freunde gravierten ihre Sympathie in eine Zigarettendose aus dem Silber des Bergwerks Real del Monte, die Hollywooder Kollegen sandten eine Ehrengabe und die Muetter brachten in Album mit den Photos ihrer Kinder, Kisch's Spielkameraden.

In einer 10sprachigen, 26seitigen Festschrift des Titels "Seine Reise um die Welt in sechzig Jahren" nahmen etwa 50 Persoenlichkeiten aller Nationen Stellung zu Egon Erwin Kisch und seinem Werk.

Bei der von der tschechoslowakischen Kolonie veranstalteten Feier sprach ihr Praesident Dr. Oskar Stern ueber den Landsmann, sang Bruni Falcon, spielte der Dirigent Dr. Carl Alwin, und Lenka Reiner las tschehische Uebersetzungen von Kischs pragerischester Literatur.

Auf dem besonders stark besuchten Bankett, das die internationalen Schriftstellerkollegen im Bellas Artes gaben, waren Literatur, Kunst, Politik und alle auslandischen Kolonien vertreten. Die Ansprachen des tschechoslowakischen Gesandten J. V. Hyka, des ehemaligen Kammerabgeordneten Lic. Alejandro Carrillo des Tass-Vertreters Juri Dashkewitsh, der Schriftsteller Jeanne Garnier und André Simone und des Chefredakteurs des "Freien Deutschland" Alexander Abusch anerkannten die Emigra-

tion als Kulturtraeger und wuerdigten Kisch als einen Repraesentanten von weittragender Bedeutung.

Aber der Gipfelpunkt der Kisch-Feiern war das Theater, das der Heinrich Heine-Klub seinem Vizepraesidenten machte. Vollgestopfter Schiefer - Saal; jedermann erwartete sich von der Tatsache, dass Kisch's Redl-Drama ausschliesslich von Schriftstellern gespielt wurde, ein Fest. Das war es auch, aber was fuer eines. André Simone als wahre Lachsalven hervorrufender Erzherzog Viktor Salvator! Bruno Frei als sentimentaler Oberst Redl! Bodo Uhse in praller Husarenuniform! Lenka Reiner als seine Braut, eine Industriallehrerin sudetendeutscher Mundart! Ludwig Renn als Generalstabschef Conrad von Hoetzendorf! Anna Seghers als oesterreichische Baronin im Separee! Theodor Balk und Kurt Stern als Gegenpole des Geheimdienstes! Rudolf Fuerth als Drahtzieher des Spionagedienstes! Leo Katz als Portier des Hotels Klomser! Alexander Abusch als Generalmajor Hoeter und Hans Marum als Generalauditor Worlitschek, — soviel Schriftsteller, soviel Extempores, — soviel Extempors(soviel Lacher, und alles zusammen ein Gaudium. Und auch die musikalische Mitwirkung der Herren Dr. Ernst Roemer und Dr. Egon Neumann, sowie der schoenen Geigerin Alma Agee passte sich dem parodistischen Ton der Auffuehrung an, der das Szennenbild von Kurt Berczi und seiner technischen Mitarbeiter Paul Krauter und Hans Baumgarten den entsprechenden Rahmen gaben. Niemand missgoennte Egon Kisch die herzlichen Sympathiebeweise. Denn er ist nicht nur einer der lustigsten Schriftsteller unserer Zeit, sondern auch einer der ernstesten.

R.

DER LITERATUR-THEORETIKER GEORG LUKACS arbeitet an einem grossen Werk ueber die Vorgeschichte und Wesensart der faschistischen "Weltanschauung". Der Titel seines Buches steht schon fest: "Zerstoerung der Vernunft".

FRED HELLER, Feuilleton- und Theaterredakteur des "Wiener Tag", veroeffentlichte im Editorial Cosmopolita einen Band von E-zaehlungen aus der Emigration unter dem Titel: "Das Leben beginnt noch einmal".

Lenka Reinerová zum 60. Geburtstag Kischs in »Freies Deutschland«, Mexiko, Juni 1945

»Was bedeutet die Paradeuniform?«

»Doch Ihnen zu Ehren, Genosse Kisch, zu Ehren unseres bewährten Mitkämpfers.«

»Machen Sie keine Witze!« Er war gerührt, wollte es jedoch nicht zeigen. »Und ich habe mich schon gefreut, daß der Krieg endlich aus ist.«

Als er dann wirklich aus war, der zweite Weltkrieg, gelang es dem Ehepaar Kisch noch lange nicht, nach Hause zurückzukehren. Egon wandte sich deshalb an seinen alten Freund Karl Kreibich, vor dem Krieg einer der Senatoren.

»Das hätte ich mir auch nie träumen lassen«, bemerkte er, als er den Brief an Kreibich zur Post trug, »daß ich eines Tages als Prager Stadtrat von Mexiko aus an einen Nationalrat in London, meinen alten Freund Karlíček, schreiben werde, damit ich von hier losfahren kann, während er im stolzen Albion schon auf dem Koffer sitzt.«

Nach Wochen und Monaten ungeduldigen Wartens waren die Pässe des Ehepaars Kisch eines Tages endlich mit allen nötigen Ausreise-, Durchreise- und Einreisestempeln versehen. Anfang 1946 konnten sie nach Hause, nach Prag zurückkehren. Ihr Weg führte über New York und London. Egon Erwin Kisch sprach dort mit seinen Verlegern, die sich für seine weiteren Pläne interessierten. Er erwog ein Reportagebuch aus der zu neuem Leben erwachten Tschechoslowakei.

Am 21. März 1946 entstieg Kisch in Prag-Ruzyně dem Flugzeug, das ihn aus London brachte. Er hatte einen langen und nicht gerade leichten Weg hinter sich, den er mit einem lapidaren Satz beschloß.

»Da sind wir also wieder zu Hause.«

Sofort begann er zu arbeiten, blickte sich in der Stadt um, sprach mit den Menschen.

Schon am dritten Tag nach seiner Heimkehr veröffentlicht er einen erregten Kommentar zum gerade stattfindenden Prozeß gegen den einstigen SS-Obergruppenführer und Staatsminister des Deutschen Reichs, den Kriegsverbrecher Karl Hermann Frank. Die sachliche Aufzählung der Verbrechen dieses vor kurzem noch mächtigen Mannes im Protektorat Böhmen und Mähren ist ungeheuerlich. Kisch beschließt, eine Reportage, *Die letzten Schritte des K. H. Frank*, zu schreiben, wohnt dessen letzten Schritten vor der Vollstreckung des Todesurteils bei.

Eines Tages passiert etwas, das eben nur Kisch passieren kann. Nach ihrer Rückkehr nach Prag hatten Gisl und Egon keine Wohnung, ins alte Bärenhaus in der Melantrichgasse konnten sie aus verschiedenen Gründen nicht einziehen. So wohnten sie inzwischen als Gäste des Kulturministeriums im Hotel Alcron. Bei einem seiner täglichen Stadtbummel begegnet Kisch auf der Straße einem älteren Herrn, der ihm den Weg vertritt:

»Egon, erkennst du mich denn nicht? Wir waren doch Mitschüler, ich bin der Fischer aus der dritten Bank.«

Sie gehen zusammen einen Kaffee trinken, und dabei erfährt der Fischer aus der dritten Bank von Kischs Wohnungsproblemen. Die kann er sofort lösen. Er besitzt eine Villa in Prag-Střešovice, die jetzt für ihn zu groß ist. Während der Okkupation sind seine Frau und die beiden Kinder ums Leben gekommen. Vor kurzem hat er wieder geheiratet, eine Mitgefangene aus Theresienstadt. »Zieh nur bei mir ein, du kriegst das ganze erste Stockwerk mit Terrasse, dort wirst du dich wohl fühlen.«

Kisch nimmt gern an und bezieht mit Gisl die drei Zimmer im ersten Stockwerk der Villa U laboratoře Nr. 22, die von einem gepflegten Garten umgeben ist. An einer Stelle ragen allerdings störend zwei kräftige Baumstümpfe aus dem Rasen.

»Welcher Barbar hat so prächtige Bäume fällen lassen?«

Ein Barbar. Während des Protektorats wurde der Jude Fischer aus seiner Villa ausgesiedelt, und angesiedelt war dort während seines Prager Aufenthalts der Massenmörder der Juden, Adolf Eichmann. Er wohnte im ersten Stockwerk. Vielleicht haben die beiden Bäume vor der Terrasse sein freies Schußfeld behindert, wer weiß. Kisch hat über dieses unwahrscheinliche Zusammentreffen, über diese unheimliche Wohnnachfolge nie geschrieben. Vielleicht beschäftigte ihn das schaurige Thema, und er kam nicht mehr dazu, es zu verarbeiten, vielleicht hat ihn der Geist jenes Ungeistes in seiner letzten Wohnung doch etwas entgeistert. Wie dem auch sei – nach seinem Tod fand man Anmerkungen für mehr als dreißig weitere Arbeiten in den Notizen des rasenden Reporters. Der Judenmörder in der jüdischen Villa war nicht darunter.

Im Sommer des Jahres 1946 kam Egon Erwin Kisch mit André Simone nach Jugoslawien, um dort gemeinsam mit Journalisten aus vielen anderen Ländern dem Prozeß gegen den Kriegsverbrecher, den serbischen General Draja Michajlowitsch, beizuwohnen, der – wörtlich genommen – der Halsabschneider der Partisanen Titos und ihrer Anhänger war.

Ich lebte damals mit meinem Mann in dessen Heimatstadt Belgrad und freute mich unsäglich auf diese Begegnung. Kurz zuvor war meine Tochter auf die Welt gekommen, und wenn ich schon keine Verwandten mehr hatte, so wollte ich meine Kleine wenigstens unserem Egonek zeigen. Der führte sie auch gleich auf seine Weise in die große Welt ein.

Am zweiten oder dritten Tag seines Aufenthaltes in der jugoslawischen Hauptstadt saß er mit seinen Kollegen von der Presse im Café Moskva auf dem Belgrader Hauptplatz Terazije, als er mich auf der Straße erblickte. Er lief hinaus und lud mich zu einem Kaffee ein.

»Das geht doch nicht, Egonek, ich kann doch nicht mit dem Kinderwagen ins Kaffeehaus fahren.«

»Warum nicht?« Und schon chauffierte er Wagen und Kind bis zu seinem Tisch. Dort stellte er uns beide der ganzen Runde vor, und das allgemeine Gespräch nahm seinen Fortgang. Mein drei Monate altes Töchterchen schien die Konversation nicht sehr einzunehmen, nach ein paar Minuten schlief es ein.

»Na, was sagt man dazu!« rief der rasende Reporter, als er das bemerkte, »das Mädel geht zum ersten Mal im Leben ins Kaffeehaus, noch dazu mit Kisch, ich stelle sie den Repräsentanten der Weltpresse vor, und sie schläft, bitte, ruhig ein!«

Während seines kurzen Besuchs in Jugoslawien wurde Egon Erwin Kisch auch von Josip Broz Tito in dessen Privatresidenz in der Rumänischen Straße eingeladen. Am Abend erzählte er uns von dieser Begegnung. Tito war damals ein stattlicher Mann von etwas behäbiger Gestalt, voller Kraft, aber nicht mehr ganz jung. Kisch fragte ihn, wie er alle Strapazen des Kriegs überstanden habe, die Kälte und Hitze, den Hunger und vor allem die unendlichen Märsche durch die Gebirge. Dank einem treuen Kameraden, sagte Tito, seinem verläßlichen Pferd. Interessant, erwiderte Kisch und wollte wissen, wo dieses Pferd jetzt sei. Er habe sich nicht von ihm getrennt, bemerkte der Marschall lächelnd, habe es sogar hier bei sich, im Stall hinter dem Haus. Worauf Kisch seine Zigaretten einsteckte, Notizblock und Bleistift in der Rocktasche verstaute und aufstand. Sein Gastgeber war von der jähen Beendigung des Gesprächs etwas überrascht.

»Sie eilen, Genosse Kisch?«

»Keineswegs, ich möchte Sie nur ersuchen, so liebenswürdig zu sein und mit mir in den Stall zu gehen, ich möchte Ihr Pferd kennenlernen.«

Tito wußte wohl kaum, wie typisch diese Bitte für den großen Reporter war. Bereitwillig und zweifellos amüsiert war er einverstanden und hat sich auch später recht zufrieden über seine Unterhaltung mit dem ungewöhnlichen Gast aus Prag geäußert.

Am 31. März 1948 starb Egon Erwin Kisch nach einem Schlaganfall in seinem heimatlichen Prag. Bei dem Staatsbegräbnis hielt Antonin Zápotocky, ein bekannter Gewerkschaftsführer und Arbeiterschriftsteller und späterer Präsident der Republik, die Abschiedsrede. Kisch lebte knapp dreiundsechzig Jahre. Aber jedes von ihnen bedeutet soviel wie mehrere Jahre manch eines anderen Lebens. Er hatte das unstillbare Bedürfnis, jeden Augenblick voll auszunutzen. Einmal erzählte er mir, daß er bei einem Zahnarztbesuch die auf dem Ordinationstischchen vorbereiteten Instrumente zerschlagen habe. Vor einem etwas größeren Eingriff hatte ihm der Arzt eine Injektion gegeben, und als Egon fühlte, daß sein Kopf dämmrig wurde, begann er wild um sich zu schlagen, wehrte er sich instinktiv gegen die Bewußtlosigkeit. Er war ein leidenschaftlicher Raucher, aber Alkohol bedeutete ihm nicht allzuviel. Er berauschte sich am Leben.

Einmal fuhren wir zu dritt, Gisl, Egon und ich, mit dem letzten Zug aus Paris nach Hause, nach Versailles. Zu dieser Zeit, kurz vor Mitternacht, waren wir oft fast die einzigen Fahrgäste in dem kurzen Zug. Diesmal jedoch waren alle Wagen voll besetzt, und Kisch erkannte unter den Passagieren eine Reihe von Journalisten.

»Was kann das bedeuten?«

Er wurde nervös. Es war doch nicht möglich, daß in Versailles etwas los war und er, der rasende Reporter, der dort lebte, nichts davon wußte. Lässig schlenderte er durch den Wagen, blieb da und dort bei jemandem stehen, setzte sich auch für einen Augenblick nieder, unterhielt sich. Dann kehrte er, jetzt schon beruhigt, wieder zu uns zurück. Unauffällig, ohne zu zeigen, daß er nicht wußte, was der Grund für den so zahlreichen nächtlichen Ausflug war, hatte er herausbekommen, daß in ein paar Stunden der Frauenmassenmörder Weidmann, der in Versailles im Gefängnis saß, öffentlich hingerichtet werden sollte. Angeblich sollte es die letzte Exekution mit der Guillotine sein.

»Das gehen wir uns anschauen«, entschied Kisch. Weder Gisl noch ich waren davon begeistert, aber wir wollten ihn nicht allein gehen lassen, und ein bißchen neugierig waren wir natürlich auch.

Die Hinrichtung vor dem Gefängnis sollte nach allen Regeln der Tradition vollstreckt werden. Der kleine Platz war schon schwarz von Schaulustigen. Es gab unter ihnen Habitués des Pariser Nachtlebens, Prostituierte, angebliche Freunde der ermordeten Mädchen, aber auch Damen und Herren in Abendtoilette, die in ihren eleganten Wagen von einem feinen Bummel geradenwegs hierhergekommen waren. Eine so seltene Schau ließ man sich schließlich nur ungern entgehen. Eine Frau kreischte, man solle sie in die erste Reihe des improvisierten Zuschauerraums lassen, der nur durch ein paar Stricke von der Richtstätte getrennt war. Der Mörder habe ihre Tochter umgebracht, rief sie, da habe sie wohl ein Recht darauf, hier alles gut zu sehen.

Ich stand zwischen Egon und Gisl und hatte das Gefühl, nichts ringsum sei wirklich. Kisch rauchte schweigend und reagierte die ganze Zeit überhaupt nicht auf die stillen Bitten seiner Frau, ob wir nicht nach Hause gehen könnten. Sein Gesichtsausdruck, die nervöse Art, den Rauch zu inhalieren, alles an ihm verriet große Spannung.

Plötzlich erloschen die Straßenlampen. Durch die Menge ging ein Raunen, als aus der Ferne auf dem Pflaster das Klappern von Hufen erklang. Alle wandten sich um. Langsam, von einem auffallend mageren Gaul gezogen (alle Einzelheiten genau nach den einstigen Gepflogenheiten), näherte sich im fahlen Morgengrauen ein alter Karren. Auf dem Bock saß neben dem Kutscher, schwarz gekleidet und mit verschränkten Armen, der Henker, hinter ihm im Wagen lag die Guillotine. Als das Gefährt am Rande des mit Sand bestreuten Vierecks vor dem Gefängnistor haltmachte, schlug die Uhr auf dem Rathaus viermal. Abermals rauschte es durch die Menge.

Dann wurde es totenstill. Man hörte nur, wie das Holz knarrte, als das gräßliche Gerät auf der Richtstätte aufgebaut wurde. Kaum war das fertig, flog auch schon das Gefängnistor auf. Eine Gruppe von Männern erschien unter dem Torbogen, mein Blick erhaschte den Zipfel eines hellen Hemdes.

»Jetzt gehen wir!«

Kisch drehte sich als erster um und bahnte uns einen Weg durch die Gaffer.

Als wir unser Hotel erreichten, verblaßten allmählich die letzten Sterne am Himmel. Die alte Zimmerfrau Marie-Louise lag in einem Fenster und spähte in die noch dunkle Gasse.

»Eh bien, Monsieur Kisch«, rief sie leise, »ist schon alles vorbei?«

»Klar«, antwortete er, »sonst wären wir doch noch nicht hier. Sehen Sie nicht, wie wir mit Blut besudelt sind?«

»Allez, allez.« Sie kannte ihren Gast schon lange Jahre. »Man hat ihn also hingerichtet?«

»Na sicher.«

»Glauben Sie es nicht, Monsieur Kisch, c'est tout de la politique. Ist doch alles Politik.«

Diesen Ausspruch der einfachen Französin hat Egon Erwin Kisch oft als Beweis für das eingefleischte Mißtrauen schlichter Menschen gegenüber allem zitiert, was von der Obrigkeit verkündet wird. Er wußte, warum er sich in seiner Arbeit unbeirrt davon leiten ließ, alles, worüber er schrieb, tunlichst selbst zu berühren, selbst zu beschnuppern, selbst zu sehen und vielfach zu überprüfen, ehe er es seinen Lesern vorsetzte. Vielleicht fühlte er sich gerade deshalb auf allen Schauplätzen seiner Geschichten zu Hause. Im Tanzlokal Klamovka in Prag-Košíře ebenso wie in Hollywood im Haus von Charlie Chaplin. Als er in seiner Jugend in dem berüchtigten Prager Nachtlokal Montmartre mit der nicht weniger berüchtigten und schönen Emča, genannt Revoluce, seinen ersten Tango tanzte, war das für ihn ebenso abenteuerlich wie die späteren freundschaftlichen Beziehungen mit den Prominenten der Epoche. Überall zum Widerstand gegen Hitler aufzurufen, sich mit einem Sprung vom Schiffsdeck die verbotene Landung in Australien zu erzwingen, sich im Schicksalsjahr 1938 auf der Kandidatenliste der Kommunistischen Partei für den Prager Stadtrat aufstellen zu lassen war ebenso wichtig wie alle Seiten des Paradieses Amerika, des geheimen

Chinas und des von Grund auf veränderten Asiens zu enthüllen oder für Menschen, die es wohl kaum je mit eigenen Augen sehen werden, zu entdecken, was man alles mit Kakteen anfangen kann und wie ein Vulkan geboren wird.

Es ist nicht leicht, zum Ende zu kommen, wenn man über Egon Erwin Kisch erzählt. Man kann so viel über ihn sagen und trennt sich jedesmal so ungern von ihm. Als ich einige Jahre nach Kriegsende zum ersten Mal wieder nach Paris kam, fuhr ich natürlich auch nach Versailles. Das alte Hôtel Moderne, in dem wir gewohnt haben, hat sich von außen kaum verändert. Hinter der Glastür, gleich im Entrée, lag immer noch die Post für die Gäste auf dem mit grünem Plüsch bezogenen ovalen Tisch. Zum Glück war gerade niemand da. Ich wollte nichts anderes hören als das wohlvertraute: »Bist du es, blbá?« vom ersten Treppenabsatz. Und weil ich wußte, daß ich das nie mehr hören würde, war die Stille tröstlich. Aus Kischs Fenster in der ersten Etage betrachtete mich neugierig ein vierschrötiger Mensch, aus dem Fenster meiner einstigen Mansarde gerade darüber hingen müde irgendwelche Blumen.

Ich ging um die Ecke, um mich in der Rue du Vieux Versailles umzuschauen. Am gewohnten Ort fand ich dort den Schusterladen, auch die Bäckerei, wo wir die billigsten Gâteaux mit Kaffeegeschmack zu kaufen pflegten (die übrigens großartig schmeckten!), und auch den Gemischtwarenladen, in dem die Kischs auf Kredit einholen konnten. Ich mußte dabei an den Ostersonntag des Jahres 1939 denken. Damals reichten einander bei Egon und Gisl mehr als fünfzig Gäste die Tür, und beim Schuster in der Rue du Vieux Versailles warteten zur selben Zeit die frisch besohlten Schuhe des rasenden Reporters, bis ein paar Francs übrigblieben, die ihnen die Rückkehr zu ihrem Herrn ermöglichen würden.

In Mexiko bummelte ich einmal mit Kisch über den großen Markt. Wir kauften uns einen riesigen heißen Chicharrone-Fladen aus Grieben, spülten ihn mit einem Schluck Tequila hinunter, wobei wir uns lege artis ein bißchen Salz auf die linke Faust streuten, um es zur Steigerung des Genusses nach den ersten Tropfen abzuschlecken. Dann kaufte mir Egonek für zehn Centavos einen Blumenstrauß, »wie für die Königin von Saba«, und ich kaufte ihm für ganze fünfundzwanzig Centavos ein altes, schon leicht verrostetes, aber prächtig geschmiedetes Taschenmesser. Über uns wölbte sich ein sattblauer Himmel, und in der Ferne leuchteten die Schneekappen der Vulkane. Der Krieg war schon vorbei, und wir fühlten uns in dem Gewimmel der fröhlichen Indios unbeschwert und frei.

»Weißt du, blbá«, sagte Kisch unvermittelt, »ich werde mir sehr fehlen, wenn ich nicht mehr dasein werde.«

Und er fehlt. Gewiß, es gibt sein umfangreiches Werk, das unwahrscheinlich lebendig geblieben ist. Damit ist auch ein Traum Egon Erwin Kischs Wirklichkeit geworden, an dessen Erfüllung er in den schweren Jahren der Emigration oft niedergeschlagen zweifelte. Es gibt Literaturpreise – zum Beispiel in seinem heimatlichen Prag und in Hamburg –, die seinen Namen tragen. Darauf wäre er richtig stolz. Es gibt junge Menschen, die seine Schriften und sein ungewöhnliches Leben zum Gegenstand ihrer Doktorarbeit wählen. Wüßte er das, hätte er ungeheuren Spaß daran. Dennoch: Uns, die wir die große Freude hatten, den witzigen und liebenswerten, launischen und im literarischen Handwerk strengen Prager Egon Erwin Kisch, den unwiederholbaren Egonek, aus nächster Nähe zu kennen, uns fehlt er. Freilich, wenn ich manchmal abends durch die nicht gerade verschwenderisch beleuchtete Melantrichgasse gehe, habe ich mit einemmal das Gefühl, daß er wieder da ist. Im Schatten unter dem Torbogen des Bärenhauses, im hellen Auflachen eines Mädchens, im Rauchschleier einer Zigarette. Aber solch ein Augenblick verflüchtigt sich schnell, und dann bleibt wieder nur die Gedenktafel an Kischs Geburtshaus und der kurze, so vertraute Weg zwischen der Nr. 14 und der Nr. 7 in der Melantrichgasse.

Ein Knabengesicht
mit müden Augen

Womit beginnen? Mit der ersten Begegnung oder mit der letzten, bei der keiner von uns beiden wußte, daß der schnelle Abschied auf dem lärmerfüllten Prager Bahnhof unwiderruflich, endgültig war? Lieber mit der ersten, zu der es auch in meiner Heimatstadt kam.

Die Redaktion der *Arbeiter-Illustrierten-Zeitung (AIZ)* fristete in den dreißiger Jahren ihr Emigrantendasein in einer Prager Vierzimmerwohnung, die sie mit einer weiteren Redaktion und der Versandstelle der Universum-Bücherei teilte. Dort drängten sich die Bücher auf Regalen, auf zwei Tischen und auch auf dem Fußboden. Beim Fenster rechts oben stand viermal nebeneinander *Söldner und Soldat* von Bodo Uhse. Eines Tages war diese Ecke leer.

»Was ist los? Wo ist der Uhse?« fragte ich Hanni, die ständig überforderte Verwalterin der nicht abreißenden Bücherinvasion. Wohl war der Autor Uhse für mich bislang nur ein Begriff, aber doch ein recht konkreter. Er gehörte nämlich zu jener Handvoll Schriftsteller, mit denen mein Chefredakteur F. C. Weiskopf in intensiver schriftlicher Verbindung stand. Ich tippte seine Briefe, die alle dieselbe Adresse trugen: Kommissariat der Internationalen Brigaden, Albacete, Spanien.

»Vergriffen«, antwortete Hanni auf meine Frage.

»Der Bodo ist vergriffen«, meldete ich Franz, als ich in unsere Redaktionsstube zurückkehrte.

»Du meinst zweifellos, daß seine Bücher vergriffen sind«, korrigierte FC unerbittlich mein »fürchterliches Prager Deutsch«, lächelte dabei jedoch so liebenswürdig, daß ich mir trotz meiner rebellierenden Jugend seine Mahnung widerstandslos zu Herzen nahm. Deshalb habe ich diese Episode wohl auch bis heute nicht vergessen.

Das also war eine meiner ersten Begegnungen mit Bodo Uhse. Unsere erste wirkliche Begegnung fand am Kaffeetisch vom Egon Erwin und Gisl Kisch in ihrem Hotelzimmer in Versailles am Anfang des Jahres 1939 statt. Ich bewohnte damals eine Mansarde genau über diesem Zimmer.

»Laß dich sehen, sowie du aus Paris zurückkommst«, sagte Egonek an jenem Tag, »Bodo und Almuth werden da sein.«

Bodo und Almuth. Die beiden Namen klangen in meinen Ohren ein wenig exotisch, ein bißchen nach Nibelungensage oder etwas Ähnlichem. In Prag hieß niemand so. Ich beeilte mich, um rechtzeitig zu Hause zu sein und diese beiden Besucher nicht zu versäumen.

Daß der Autor von *Söldner und Soldat* so verträumte Augen und eine so leise Stimme hatte, überraschte mich. Er wirkte wie ein großer Knabe, nur seine nervösen Hände, die fast ununterbrochen eine Zigarette umklammerten, verrieten etwas von dem bereits durchstandenen schwierigen Leben. Frau Almuth, blond und schön, entsprach besser meiner vorgefaßten Vorstellung. Man sprach über die Sorgen jener Tage, über Krieg und Niederlage in Spanien, das Emigrantendasein, den Hitlerkrieg vor der Tür, über Aufenthaltsbewilligung, Aufenthaltsverbot, die Besetzung der Tschechoslowakei. Wie immer erzählte Kisch auch ein paar drollige Geschichten. Alle lachten. Bei dieser ersten Begegnung wechselte ich kaum einige Worte mit Bodo Uhse.

Dann brach der Krieg aus und verwehte uns in alle Winde, manche auch hinter Gitterstäbe und Stacheldraht. Im Frühjahr 1941 wartete ich in Marseille ungeduldig, wie Tausende andere auch, auf eine Nachricht, daß ich Europa verlassen konnte, um nicht abermals hinter Gitterstäbe und Stacheldraht zurückkehren zu müssen. Endlich kam ein Telegramm: »Visum und Schiffskarte für Mexiko unterwegs. Erwarten dich. Bodo Uhse.« So etwas vergißt man nicht.

Als ich dann Monate später nach abenteuerlicher, wiederholt unterbrochener Reise wirklich in Mexiko landete, betrat ich eine andere Welt. Zwischen diesem herrlichen Land und Europa mit dem fürchterlichen Krieg lag ein Ozean. Hier erstrahlte jeden Tag vom tiefblauen Himmel die Sonne, und jeden Abend flammten ungezählte Lichter auf. Man lebte in Freiheit, konnte tun und lassen, reden und schreiben, was man wollte. Ich konnte es vorerst gar nicht fassen.

Die Uhses besuchte ich zum ersten Mal mit Theodor Balk, der später mein Mann wurde. Wir saßen auf der Dachterrasse ihrer Wohnung, und Bodos schöne amerikanische Frau Alma hatte eine weiße Kamelienblüte im dunklen Haar. Bodo war braungebrannt, seine Augen waren dieselben geblieben.

Der Krieg war mit uns über das Meer gekommen. Viele unserer Freunde wußten wir in Lebensgefahr. Uhses Schreibmaschine stand nie still. Er organisierte, korrespondierte, insistierte, überwand Schwierigkeiten, sah sich neuen gegenüber, verzweifelte beinahe, raffte sich abermals auf, begann von neuem, versuchte Visa und Schiffskarten zu besorgen und Geld, das leidige, niemals ausreichende Geld. Gewiß, er tat das alles nicht allein, sondern in ständiger Zusammenarbeit und fester Gemeinschaft mit seinen Freunden sowohl in Mexiko als auch in den Vereinigten Staaten und anderen Ländern des amerikanischen Kontinents. Aber viele Fäden liefen gerade in seinen Händen zusammen. Die Schatten unter seinen großen blauen Augen wurden sehr tief. Das waren nicht nur die quälenden Sorgen. Er wollte, er mußte doch auch schreiben.

Ähnlich erging es uns allen. Jeder tat, wozu er am besten geeignet war und dazu noch ein bißchen mehr. Ich war »die Tschechin« innerhalb der Gruppe deutschsprachiger Antifaschisten und gemeinsam mit Egon Erwin Kisch auch noch aus Prag. Als beschlossen wurde – ich erinnere mich nicht mehr, auf wessen Initiative –, Kischs sechzigsten Geburts-

Bodo Uhse

tag mit einer Aufführung seines Theaterstücks über den Fall des Generalstabschefs Redl zu feiern, an der nur seine Schriftstellerfreunde und keine Schauspieler mitwirken sollten, nahm ich begeistert die Rolle der Franzi an. Endlich einmal konnte ich meinem angeborenen Prager Deutsch freien Lauf lassen. Diese Franzi hatte einen Bräutigam, den schneidigen Leutnant Stefan, dem leider neben seiner Verlobten auch noch der Oberst Redl mehr als nur Sympathie bekundete. Mein Bühnenbräutigam war Bodo Uhse.

Nach jeder der zahlreichen Proben und besonders dann nach der ersten Kostümprobe (unvergeßlich Anna Seghers in starrer lila Abendrobe mit glitzerndem Brillantendiadem im Haar!), bei der mir mein Geliebter in goldbetreßter roter Uniform eher wie ein dem Zirkus entsprungener Löwenbändiger denn als ein k. u. k. Offizier vorkam – aber immerhin mit Schmachtlocke und Monokel im rechten Auge –, waren wir uns darin einig, daß uns ein wahrer Bombenerfolg erwartete, falls sich das Publikum ebenso amüsieren werde, wie wir es nun schon so oft vorgekostet hatten. Schließlich schrieb Bruno Frei, der Darsteller des Obersten Redl, noch ein Jahr später: »Der glücklichste Augenblick meiner Heine-Club-Karriere (und vielleicht meiner ganzen Mexiko-Laufbahn) war, als ich am Halse Bodo Uhses hängend, mit dem entrüsteten Zittern des verschmähten Liebhabers in der Stimme, ausrufen durfte: ›Und ich? Hab ich dir nicht mein ganzes Glück geopfert?‹ Als dann gar Lenka Reinerová vor mir auf die Knie fiel, um die Verzeihung des Vorgesetzten ihres Stefferl zu erflehen, waren meine kühnsten Tagträume erfüllt.«

Es gibt ein Foto, auf dem ich Arm in Arm zwischen meinem Verlobten und seinem hochgestellten Verführer stehe. Wie unerwartet: Aus unserem damaligen Riesenspaß ist inzwischen ein Mosaikkügelchen antifaschistischer Kulturgeschichte geworden!

Die denkwürdige Premiere fand am 10. Mai 1945 statt. Vierundzwanzig Stunden vorher, am 9. Mai 1945, war auf

Nach der Aufführung des Stücks *Der Fall des Generalstabschefs Redl*
von Egon Erwin Kisch anläßlich seines 60. Geburtstags, Mexiko 1945.
Bodo Uhse, Friedl Katz, Kurt Stern, Anna Seghers, Ludwig Renn, (davor:) Bruno Frei, (dahinter verdeckt:) Alexander Abusch, Lenka Reinerová, Rudolf Feistmann, (Mädchen:) Nadine Stern, Leo Katz, Alma
Uhse, André Simone, Hans Marum (v. l. n. r.)

den Prager Barrikaden der letzte Schuß des zweiten Weltkriegs gefallen.

Unsere Gemeinschaft europäischer Flüchtlinge in Mexiko erfaßte eine neue Art von Unruhe. In den letzten Jahren waren wir gezwungen gewesen, zuerst unsere Heimat und dann stets von neuem alles zu verlassen, was uns gut bekannt und vertraut war, immer weiter weg zu ziehen. Jetzt liefen unsere Gedanken in entgegengesetzter Richtung – nach Hause. In die verwüstete Heimat, die unserer liebsten Menschen beraubt war. Eine Sehnsucht, die wir bisher nicht gekannt hatten.

Theodor Balk und ich waren die ersten, deren brennender Wunsch sich erfüllte. Noch im September 1945 nahm uns ein winziger Frachter auf abenteuerlichen Umwegen in Theos Heimat Jugoslawien mit. Auf dem Bahnsteig in der mexikanischen Hauptstadt stand bei unserer Abreise die dichte Schar der Freunde. Die bei einer solchen Gelegenheit üblichen Scherzworte flogen hin und her, wir hatten Hände und Taschen voll von kleinen Abschiedsgeschenken, zum Schluß spielte auch noch eine Mariachi-Kapelle auf. Waren wir doch die ersten, die allerersten, die nach Hause fahren konnten. Und doch war mir im letzten Augenblick unendlich schwer zumute. Die Wagentür klappte zu, vor dem herabgelassenen Fenster erhoben sich Hände und Taschentücher zum Gruß. Das Kapitel Mexiko war zu Ende.

Eine ganze Reihe von Jahren mußte vergehen, gute und schwere, von Trauer, Freude und mitunter auch unfaßbarem Geschehen erfüllte Jahre, ehe uns unsere Wege wieder mit den alten Freunden zusammenführten. Ende 1956 besuchten wir auf Einladung des Schriftstellerverbandes zum ersten Mal die Deutsche Demokratische Republik. Als wir einen Monat später zurückkehrten, nunmehr in meine Heimatstadt Prag, montierten Theo und ich unsere Reisenotizen zu einem Büchlein, das dann auch unter dem Titel *Aus zwei Tagebüchern* in tschechischer Sprache erschienen ist. Hier einige Eintragungen, zurückübersetzt ins Deutsche:

... Am Abend warten die Uhses im Hotel Newa auf uns. Wie gut ist es, nach solch einem Tag miteinander am Tisch zu sitzen, über Bodos Arbeit und seine Erlebnisse während einer Reise nach London zu sprechen, sich im stillen zu freuen, daß sich Alma immer noch ein bißchen mexikanisch kleidet, mit alten Freunden zu plaudern, denen man seine Sorgen anvertrauen kann und vor denen man auch mit seinen Freuden nicht zurückhalten muß.

19. 11. 1956 – TB

Am Abend bei den Uhses.

Bodo.

Kurz vor unserer Abreise aus Prag las ich, daß sein Roman *Söldner und Soldat* eine neue Ausgabe erlebt hat.

Offizierssohn, Mitglied des Bundes Oberland, Mitglied der Nazipartei, Redakteur einer Nazizeitung – niemals würde jemand solche Schlüsse aus der Vergangenheit dieses schlanken, verträumten, hölderlinschen Menschen mit trockenem Humor ziehen, der zur Verzweiflung aller Schwerhörigen ganz leise spricht.

Sogar in Situationen, in denen bei vielen deutschen Kommunisten militärische Tugenden und Untugenden zutage traten, blieben bei ihm die militärischen Triebe seiner Jugend stumm. Bodo strebte in Spanien weder einen Rang noch einen Kommandoposten an. Krieg – den militaristischen – hatte er für immer in sich begraben. Er redigierte eine Frontzeitung und tat seine Pflicht, damit die Soldaten an der Front nicht das Gefühl für die Zugehörigkeit der Weltfront des militanten Antifaschismus verloren.

Bodo kenne ich schon eine ganze Ewigkeit. Kurz vor dem Umsturzjahr 1933 bestellte die Rote Hilfe bei mir eine Broschüre. Sie sollte auch über die Schlesweiger Bauern berichten, die nachts Bomben in Steuerämter warfen, um sich auf solche Weise gegen Vollstreckungen zur Wehr zu setzen. Ich suchte jemanden, der diese Bauern gekannt hatte.

117

So kam ich zu Bodo. Wir trafen einander in den leeren Räumlichkeiten eines Bauernkomitees. Von dieser Begegnung ist mir nur eine nebelhafte Erinnerung geblieben.

Eigentlich haben wir nie mehr darüber gesprochen, weder in Paris noch in Spanien oder Mexiko. Auch jetzt erwähnen wir es nicht. Unsere ausgesprochenen Gedanken durchlaufen Spanien und Mexiko. Bodo erzählt amüsant über die Heimkehr mit einem Sowjetschiff und wie die ganze Familie dabei für einige Wochen in Leningrad festfror.

LR

Die Uhses haben ein hohes Wohnzimmer, das einem Atelier gleicht. An den Wänden Bücher, auf Bodos Arbeitstisch ganze Bücherpyramiden, und dazwischen steht auf einem Schemel eine rot ausgelegte Kassette mit chinesischen Porzellantassen, und neben dem Fenster hängt – welch eine Überraschung – ein gutes Autoporträt Almas. Bisher wußte ich nur, daß sie Geige spielt. Das Söhnchen Stefan schläft schon, aber der schlaksige Joel ist mit uns, und später schleicht der große schwarze Hund Rolf ins Zimmer. Ein heiterer, friedlicher Abend. Ich übersetze ein tschechisches Frage-und-Antwort-Spiel, das wir für Stefan mitgebracht haben, und das löst viel Gelächter aus ...

Immer wieder sprechen wir über Kisch. Erzählen einander seine lustigen und geistreichen Aussprüche und versuchen uns vorzustellen, was Egonek wohl zu dem und jenem sagen würde, säße er hier mit uns.«

Im Frühjahr 1962 starb Gisl Kisch. Der Deutsche Schriftstellerverband entsandte Bodo Uhse nach Prag, um dieser Frau Dank zu sagen im Namen der ungezählten deutschen Emigranten, Spanienkämpfer und vor allem Schriftsteller, die sie aus ihrer fast schon legendären Kaffeekanne bewirtet und denen sie während all der schweren Jahre mütterlichen Beistand gewährt hatte, wenn kein Geld da war, wenn die Arbeit nicht weitergehen wollte, eine Liebe verlosch oder von den unvorhersehbaren Umständen des Lebens im Exil jäh zerrissen wurde. Im Krematorium stand Bodo zwischen Theo und mir. Er war sehr blaß. Als die tschechische Abschiedsrede zu Ende war, ging er langsam zu der kleinen Kanzel neben den vielen Kränzen und begann: »Liebe Gisl ...« Dann stockte er, wurde noch um einen Schein blasser und sagte ganz leise: »Ich habe keine Worte« – verneigte sich leicht und kam zu uns zurück. Wie oft hatte Gisl gerade in den letzten Jahren davon gesprochen, welche Freude ihr in den Büchern Bodo Uhses die wohltuend schöne und ungemein gepflegte Sprache bereitete!

Am nächsten Tag schlenderte ich mit Bodo durch »mein« Prag. Zeigte ihm das Kellerloch im Bärenhaus in der Melantrichgasse, von wo aus Kisch angeblich einen unterirdischen Korridor ins Altstädter Rathaus entdeckt hatte. Führte ihn zu der kleinen Fontäne neben der orthodoxen Kirche am Anfang der Pariser Straße, die Wolfgang Langhoff während seines Prager Aufenthalts in den dreißiger Jahren so gefallen hatte, und dann um die Ecke zum Geburtshaus Franz Kafkas, das damals noch keine Gedenktafel trug. Natürlich waren wir auch beim Grab des Golem-Schöpfers Rabbi Löw auf dem alten jüdischen Friedhof, aber dort wollte ich Bodo vor allem die großen, unheimlich krächzenden Krähen vorführen, die hier unter Denkmalsschutz stehen. Dann aßen wir in einem Stehbuffet am Fuße des Wenzelsplatzes ein Paar heiße Würstchen, und Bodo genoß ein Glas »richtigen« Biers. Es war ein Frühlingstag, der keine Trauer duldet.

»Komm, ich kauf dir Blumen.« Bodo blieb bei einem Kiosk stehen. »Wie sagt man Anemone auf tschechisch?«

»Sasanka.«

Er blickte mich verblüfft an. »Hat das etwas mit Sachsen zu tun?«

»Nein.« Ich mußte lachen. »Warte, hier kaufe ich dir etwas.«

Wir standen vor dem Laden mit slowakischer Volkskunst. Im Schaufenster hing an einem roten Wollfaden eine kleine Taube aus gespaltenen Holzplättchen.

»Siehst du die Taube mit den gefächerten Flügeln? In den slowakischen Bauernstuben wird sie über der Wiege angebracht, um böse Geister abzuschrecken und dem Kindchen Schutz zu bieten. Möchtest du eine haben?«

»Ja, gern. So was kann ich gut gebrauchen.«

Er hatte nun endlich wieder sein lächelndes Knabengesicht, aus dem in diesem Augenblick alle Spuren von Müdigkeit verschwunden waren.

Am Nachmittag brachte ich ihn zum Zug. Als die Maschine losfuhr, winkte mir Bodo aus dem Wagenfenster zu und schwenkte dabei den kleinen, blaurot verschnürten Pappkarton, in dem die Taube gegen die bösen Geister mit ihm fuhr.

So habe ich ihn zum letzten Mal gesehen.

Immer wieder Anna

Meine einzige Tochter heißt Anna. Meine Mutter aus der deutsch-böhmischen Stadt Saaz hieß Franziska. Sie ist während des letzten Weltkriegs umgekommen. Meine serbische Schwiegermutter hieß Anka. Sie wurde während desselben Krieges von kroatischen Faschisten umgebracht. Ihr einziger Sohn, der Arzt und Schriftsteller Theodor Balk, war mein Mann. Als man mich in der Belgrader Klinik ein paar Monate nach Kriegsende beim ersten Schrei meines kleinen Mädchens fragte, wie es denn heißen solle, sagte ich Anna. Wir hatten beschlossen, daß sie den Namen einer Lebenden tragen sollte.

»Die Anna«, auch Netty und Tschibi genannt, für die Welt Anna Seghers, gehörte zu den Pfeilern, wie Balk zu sagen pflegte, der ganz losen und doch absolut unzerstörbaren Gemeinschaft, in der wir uns insbesondere nach zahlreichen größeren und kleineren Katastrophen im Leben mit unseren Freunden immer wieder aufatmend zusammenfanden. Und so kam es, daß meine Tochter Anna heißt.

So wie unser Leben in Sprüngen verlief, über Ländergrenzen hinweg, aus einer bis dahin unbekannten Stadt in eine andere, aus einem schäbigen Hotelzimmer in ein etwas besseres oder gar in eine Wohnung, dann wieder für einige Wochen auf knapp anderthalb Quadratmetern auf einem Schiffsdeck, von Kontinent zu Kontinent, und wie es selbst nach diesem turbulenten Kapitel, nach der aufgezwungenen Emigrationswanderung und am Ende des grausigen Kriegs, nicht zum Stillstand kommen sollte und manchen von uns wiederum von Stadt zu Stadt verpflanzte – so ist auch die Erinnerung an die liebsten Gefährten jener Schicksalsjahre in steter Bewegung, an keinen festen Ort gebunden, flimmert ruhelos zwischen Nähe und Ferne, will sich nicht festhalten lassen in einem einzigen vertrauten Rahmen. Oder doch? Vielleicht mit einer Ausnahme.

Unvorstellbar, daß ich die Stube mit der Bücherwand und den drolligen Figürchen auf den Regalen, mit dem Blick durch die offene Tür ins Nebenzimmer auf den Schreibtisch und die Schreibmaschine, die Bücherstapel und Briefstapel, die eigenen und zugesandten losen Manuskriptblätter und dann wieder zurück auf den heimeligen Kaffeetisch in der Ecke der Wohnstube mit den blauweißen Tassen und Kuchentellern und dem großen Lehnstuhl, von dessen brauner Polsterung sich der silbrigweiße, schöne Kopf so herrlich abhob – unvorstellbar, daß ich diesen Raum nie mehr sehen soll. Die alten Linden in der für meine Prager Ohren eigenartig benannten Volkswohlstraße durchfluten weiterhin mit ihrem grüngoldenen Schattenspiel die Fenster der Stube, die in meiner Erinnerung vom warmen Klang eines tiefen Akkords und rotbrauner Dämmertönung erfüllt zu sein scheint. Aus dieser Träumerei vernehme ich dann den mir vom Lehnstuhl her entgegengerufenen ersten Satz: »Na, bist du wieder mal da? So komm doch, komm!« und dann die besorgte Frage, ob auf dem Kaffeetisch auch wirklich nichts fehle. Aber gleich darauf auch das so vertraute kleine Lachen, in dem schon ein fröhliches »Weißt du noch?« mitschwingt, sowie die fast hastig ausgesprochene Aufforderung: »So erzähl doch!«, die – wohl eine Gewohnheit aus früheren Zeiten – alles umfaßt: Hast du genug zum Leben? Woran arbeitest du? Bist du gesund? Was macht das Kind, wie lebt ihr in Prag ... So erzähl doch!

Vorbei? Das alles soll vorbei sein? Die Tatsachen sprechen dafür, ich aber weiß es besser. Solange noch einige, ja selbst nur ein einziger von uns, der zu der unwiederholbaren Gruppe von ständig durcheinandergeschüttelten und immer und überall wieder zueinanderfindenden Schar von Schicksalgefährten und Freunden zählt, solange noch einer von uns auf dieser Welt atmet, nachdenkt, widerspricht, sich begeistert oder empört, von neuem etwas versucht, niemals alles aufgibt und sich an so manches erinnert, so lange sind eigentlich alle mit dabei. Ihr Leben wird behutsam aufgerollt, bejaht und verneint, wir denken an sie, wir lachen bis heute über ihre einst gemachten Witze und können dem Wunsch nicht widerstehen, von ihnen zu erzählen. Wie sie waren, wie sie für uns weiterhin sind.

Als ich in den dreißiger Jahren in Prag lebte, als ich noch dort leben konnte, weil Hitler vorerst nur im Rundfunk gegen die Tschechoslowakei vorging und nicht einmal ein Alptraum ihn mir auf dem Hradschin vorzugaukeln imstande war, lebte Anna Seghers schon in Paris. Sie sprach 1935 auf dem großen antifaschistischen Schriftstellerkongreß in der Mutualité, während ich noch in unseren deutschsprachigen Grenzdörfern herumstieg und versuchte, vor dem Faschismus zu warnen. Sie war bereits die gefeierte Autorin der *Fischer von St. Barbara*, ich war ein junges Ding, das ihren Namen und dieses Buch kannte. Zwei Jahre später nahm sie am Schriftstellerkongreß im beschossenen Madrid teil. In den deutschsprachigen Grenzdörfern der Tschechoslowakei wurde damals auch schon ab und zu geschossen, freilich nicht aus Geschützen, sondern nur mit Gewehren und Pistolen, die heimlich aus Deutschland herübergeschmuggelt wurden. Ich habe solche Schüsse aus unmittelbarer Nähe gehört, habe auch manche dieser beschlagnahmten Waffen gesehen. Und in der Redaktion der *AIZ*, der *Arbeiter-Illustrierten-Zeitung* in Prag, sah ich Fotos aus Spanien. Verwundete Menschen, tote Menschen, Kinderleichen aus Guernica. Aber auch Fotos von dem Schriftsteller und Flieger André Malraux, dem Schriftsteller und Stabschef der XI. Internationalen Brigade, Ludwig Renn, dem männlich robusten Ernest Hemingway, der zarten Schönheit der Anna Seghers. Wenn mir unser Chefredakteur

F. C. Weiskopf einen Brief an sie diktierte, nahm seine Stimme eine besonders weiche Färbung an. Nur bei Briefen an sie, im Unterschied zu anderen Kollegen, an die er sich gleichfalls mit der Bitte um Beiträge für unsere Zeitschrift wandte. Ich versuchte mir diese schöne und ungewöhnliche Frau vorzustellen, den Anflug von Feenhaftem, der sie zu umgeben schien.

Dann marschierten die Nazis in Prag ein, und ich hatte das Glück, heil nach Paris zu gelangen. Franz Weiskopf befand sich dort schon längere Zeit, ebenso wie Egon Erwin und Gisl Kisch. Ich war wohl außer mir vor Heimweh und Sorgen, aber nicht allein. Zudem führte mich jeder Tag mit weiteren interessanten Menschen zusammen. Manche kannte ich schon aus Prag, andere waren für mich bisher nur Namen gewesen. Nun nahmen sie konkrete Gestalt an. Zugleich erfuhr ich allerhand für mich erstaunliche Dinge: Der Kisch hat kein Geld, der Balk hat keine Aufenthaltsbewilligung, die Weiskopfs haben schon Schiffskarten nach Amerika, der Ernst Busch hat einen kleinen spanischen Knaben mit nach Frankreich gebracht, Hermann Duncker feiert seinen 65. Geburtstag (Wie kann man bloß so alt werden, dachte ich, und dazu noch in Paris!), die Anna Seghers kocht fabelhaft.

Eine Fee, die fabelhaft kocht?

Zum ersten Mal begegnete ich ihr in Versailles bei Kischs. Sie trug einen breitrandigen dunkelblauen Hut, und das Haar, das darunter hervorlugte, hing ein bißchen wirr um ihren Kopf. Sie kam mit ihrem Mann und den beiden Kindern, und es gab durchaus nichts Feenhaftes an ihr. Nur die Stimme fiel mir auf, ein wenig verdeckt, als ob sie bei allem Gesagten immer einen winzigen Rest für sich zurückbehielte. Und auch, daß alle um den dichtbesetzten runden Tisch aufhorchten, wenn sie sprach, daß alle ihr zuhörten. Sie blieb damals übrigens nicht lange, und erst im Weggehen sagte sie zu mir: »Ich weiß, du bist aus Prag. Hast du schon irgendwelche Arbeit? Komm doch mal zum Essen zu uns,

die Gisl sagt dir, wo ich wohne und wie du am besten hin-
kommst. Dann tratschen wir auch ein bißchen.«

Einfach so, dachte ich, als die Tür hinter ihr zuklappte.
Die ausgezeichnete Autorin der *Fischer von St. Barbara*, die
Anna Seghers, die hier offenbar alle verehren. Komm doch
mal zum Essen.

Damals wußte ich auch noch kaum etwas von jener wun-
derbaren Gemeinschaft, in die man entweder stillschwei-
gend aufgenommen oder von der man, auch das konnte
vorkommen, ein für allemal abgelehnt wurde.

In den wenigen Wochen, die noch bis zum Kriegsaus-
bruch verblieben, sah ich Anna Seghers dann öfters. Bei
verschiedenen Veranstaltungen, in Cafés, wo sie, tief über
das Tischchen gebeugt, ganz in ihre Arbeit versunken und
doch alles ringsum wie durch einen Filter wahrnehmend,
Seite für Seite eines Heftes vollkritzelte, und auch bei ihr
zu Hause in Bellevue, wo sie in der Tat aus den einfachsten
Dingen ein wundervolles Mahl zusammenzubrauen verstand. Sie erkundigte sich, wie ich in der Emigration zu-
rechtkam, ob ich Nachrichten von meiner Familie im besetzten Prag hatte, ob es Pläne gab in meinem Kopf. Aber
noch hatte ich nicht das Gefühl, daß wir zueinander gehörten, ahnte es nicht einmal. Zuviel stürmte mit einemmal auf
mich ein: die Tschechoslowakei von Deutschen besetzt,
meine Losgerissenheit von allem bisher Vertrauten, die
Unsicherheit der Zukunft und schließlich Paris mit all den
neuen Menschen und dem Abenteuer eines völlig andersartigen Lebens.

Dann holte uns der Krieg auch hier ein. In Frankreich
verübelte man uns, den antifaschistischen Emigranten, den
Nichtangriffspakt zwischen Deutschland und der Sowjetunion, als ob wir ihn mit unterzeichnet hätten, als ob wir
nicht weiterhin entschlossen gewesen wären, die deutschen
Faschisten anzugreifen, wie und wo immer es ging. Im
Zuge dieser Politik wurde ich, wie so viele andere auch, verhaftet, kam in Paris ins Gefängnis und ein halbes Jahr später

in das Frauenlager Rieucros. Erst dort erfuhr ich allmählich, wie das Schicksal oder, genauer gesagt, die Polizei und Behörden mit den einzelnen Freunden umgesprungen waren. Annas Mann war einer von Hunderten Gefangenen im Internierungslager Le Vernet, sie selbst steckte mit den Kindern noch in Paris.

Ein Frühjahr ging vorbei, ein böses Frühjahr. Paris von den Nazis besetzt, die Landstraßen nach dem Süden von zurückweichenden Armeen und fliehenden Menschen verstopft. Unruhe, da und dort durchbrechende Panik in Rieucros. Dann der lähmende Augenblick der französischen Niederlage. Waffenstillstand. Eine deutsche Kommission im Lager. Gerüchte, garantiert wahre Nachrichten, obwohl niemand die Wahrheit kannte und somit auch keine Lüge festzunageln vermochte. Wer von den Freunden lebte noch, wen hatten sie gefaßt, wen würde man je wiedersehen? Auch der Winter mit seinen kurzen düsteren Tagen und langen eisigen Nächten war nicht besser.

Auf den verschlungenen, unübersehbaren Wegen des Widerstands erreichte mich hinter dem Stacheldrahtverhau ein holländisches Papier, ermöglichte mir einen überraschenden Urlaub in Marseille.

Nach fast anderthalb Jahren stand ich endlich wieder auf einer Straße, holte tief Atem und schritt allein aus. Allein! Die Schattengestalten unter den Torbogen der Häuser oder vor den leeren Schaufenstern der Läden beunruhigten mich nicht sonderlich. Sie waren ein Bestandteil jener Zeit, dieser Hafenstadt, kein einstiger und – wer konnte das je wissen – auch kein künftiger Häftling konnte sie völlig abschütteln.

Damals, am naßkalten Ende des Jahres 1940, sah ich die Anna wieder. Erst jetzt begannen sich unsichtbare Fäden zwischen uns zu spinnen, eine Bindung ohne Namen, in die man sich jedoch einnisten konnte wie eine Seidenraupe in ihren sicheren Kokon.

Marseille war in jenen Monaten eine verrückte Stadt. Verrückt vor Angst, durch Waghalsigkeit und Abenteuerlust, Schiebergeschäfte, kleine Gauner und große Verbrecher. Alles wurde hier verkauft, nicht nur Schiffs- und Flugkarten, Reisepässe und Visa aus diesem Notausgang des kriegführenden Europa, auch Namen, Schicksale, Menschen. Gehandelt wurde auf der Straße, in Cafés und Konsulaten, Hafenspelunken und schmierigen Hotelzimmern. Im Strom der von Angst gepeinigten Masse und sich an ihrer Angst bereichernden Meute bewegten sich unauffällig, entschlossen und sogar heiter im Vergleich zu den vielen nur wenige Menschen, die, kaum einem vielgestaltigen, ständig lauernden Tod entronnen, schon wieder mehr wollten als bloß ihr nacktes Leben retten. Die diesem Leben auch hier einen Sinn geben wollten und die von neuem einzugreifen versuchten in die Speichen des Schicksalsrads. Etwas wollten sie vernichten, aber gleichzeitig auch etwas erhalten, sie verabscheuten den sinnlosen Untergang, versuchten ein sinnvolles Dasein zu retten.

Ich bin mit der Anna stundenlang durch die Straßen von Marseille gelaufen, habe sie schweigend, mit leicht zusammengekniffenen Augen um sich blicken gesehen. Manchmal preßte sie entsetzt die Lippen aufeinander, manchmal auch angewidert, mitunter hielt sie nur einen winzigen Augenspalt im wütenden Gesicht offen, dann wieder legte sie mir plötzlich verstört die Hand auf den Arm: »Schau mal!«, und ihre Stimme bebte von Mitgefühl. Wir sahen vielköpfige Familien, die einander mühevoll durch dieses unbegreifliche Leben schleppten. Wir begegneten verlorengegangenen Kindern und Erwachsenen mit dem stummen Aufschrei der Verzweiflung in den Augen. Wir sahen alte Menschen, denen die Ruhe zum Sterben nicht vergönnt war, und blutjunge Mädchen, zu allem bereit, um nur von diesem Wahnsinnsort fortzukommen.

Auch Anna Seghers war hier natürlich auf der Suche nach einer Ausreisemöglichkeit für ihre ganze Familie, das nahm jedoch nur einen Teil ihrer Tage in Anspruch. Der Rest war erleben, sehen, hören und in sich festhalten. Aber auch Freunde aufsuchen und ihnen, sei es auch bloß mit einem tröstlichen Wort, ein wenig helfen.

Die fortschrittliche League of American Writers, vor allem aber F. C. Weiskopf in New York und Bodo Uhse und Ludwig Renn in Mexiko arbeiteten verbissen daran, Anna Seghers, ihre beiden Kinder und ihren Mann möglichst schnell vor dem Zugriff der Nazis über den Ozean zu retten. Visa und Schiffskarten waren besorgt, aber die Abreisemöglichkeit, Transitgenehmigungen und schließlich auch der Lebensunterhalt bis zur Abfahrt, all das mußte hier organisiert werden. Ich habe Anna auf ihrem bitteren Weg zu einem Hilfskomitee für Intellektuelle begleitet, wo ihr ein dort gut untergebrachter deutscher Schriftsteller widerlich höflich sagte: »Und können Sie uns wenigstens das eine oder andere Ihrer Werke vorzeigen, Frau Seghers, damit die amerikanischen Kollegen sehen, daß sie es wirklich mit einer Schriftstellerin zu tun haben?«

Anna blickte ihn wortlos an, war überhaupt keiner Antwort fähig, drehte sich jäh auf dem Absatz um und stürmte die Treppe hinunter.

All das nahm in ihren Gedanken und in ihrer Phantasie wohl schon gewisse Formen an. Verdichtete und verwob sich, fügte sich allmählich in die losen Umrisse künftiger Gestaltung.

Einmal saßen wir in einem Café im alten Hafenviertel, tranken in kleinen Schlucken das tintenschwarze, scheußliche Gebräu mit der unverdienten Bezeichnung Kaffee, betrachteten die Ruhelosigkeit der Meereswellen und, weiter draußen, die Brandung rings um die Felsblöcke der Insel mit dem Château d'If, aus dem einst der Graf von Monte Christo geflohen war, und mit einemmal sagte Anna: »Zu dumm, wegen eines Transitvisums hier herumzuhocken. Die Kinder sind in Pamiers, mit dem Visum wird der Rodi auch aus Vernet dort hinkommen können, kannst du nicht versuchen, eine zeitweilige Aufenthaltsbewilligung in Pamiers zu bekommen?« Und dann nach einer kleinen Pause:

»Man sollte einander nicht verlieren in diesen tobsüchtigen Zeiten.«

An das Hafencafé und an diese Worte dort mußte ich denken, als ich später ihr Buch *Transit* in den Händen hielt.

Noch vorher, eigentlich zum ersten Mal, waren wir einander am Rande von Marseille, in einem Dorfgasthaus zwischen Feldern begegnet. Meine Freunde, aus verschiedenen Lagern entflohene tschechoslowakische Interbrigadisten, hatten mir dort ein billiges und vom Trubel der Stadt in verhältnismäßig sicherer Entfernung gelegenes Quartier verschafft. Ein breites Bett, ein Tisch, ein Stuhl und sogar eine eigene Wasserleitung. Ich fand mich fürstlich untergebracht. Auf demselben Korridor gab es eine zweite, ähnliche Behausung, und meine Nachbarn waren der Dichter Erich Arendt und seine Frau Katja. Als ich eines Tages zu ihnen hinüberkam, vielleicht um eine Zwiebel zu leihen oder zurückzuerstatten, saß Anna Seghers auf dem Bettrand. Das Ehepaar lag in der mörderischen Kälte im Bett, drei Personen konnte man in dem kleinen Raum auch schwerlich anders unterbringen. Anna hatte wieder ihren dunkelblauen, breitkrempigen Hut auf, sah etwas abgespannt aus, aber als ich in der Tür erschien, rief sie fröhlich: »Du bist hier? Das ist eine gute Überraschung.«

Am Abend fuhren wir mit der Straßenbahn zurück in die Stadt. Anna sagte, sie kenne eine griechische Kneipe, in der man für wenig Geld und fast ohne Lebensmittelkarten recht ordentlich satt werden kann. Dort saßen wir den ganzen Abend, nippten langsam an einem Glas dunklen griechischen Weins, hatten jede einen ansehnlich gefüllten Teller mit einem Reisgericht vor uns, mußten am Rest dieses Tages nichts mehr organisieren, veranlassen oder einrichten und freuten uns, gemütlich zusammenzusitzen. Eine unverhoffte Pause in der Hysterie des Kriegsdaseins. Wir erzählten einander drollige Begebenheiten, die es ja auch in schweren Zeiten gibt, lachten aus vollem Halse, Anna legte den dunklen Hut ab und war trotz ihres silbrig gesträhnten Haares eine sehr schöne, noch jugendliche Frau.

An diesen unseren »griechischen Abend«, wie Tschibi zu sagen pflegte, haben wir uns noch viele Jahre später immer gern erinnert. Er war in ihrem Weißt-du-noch-Lächeln eingefangen, ein erleichterndes Atemholen in der Bedrängnis jener Tage, ein Stückchen Freiheit vom Zwang der Zeit, das wir uns einen Abend lang selbst beschert hatten.

Ich mußte aus Marseille ins Lager Rieucros zurückkehren, weil man dort gedroht hatte, sonst keine weitere Frau zu beurlauben. Anna Seghers fuhr nach Pamiers zurück und erreichte nach etlichen Monaten mit ihrer Familie glücklich New York, von wo aus sie die Reise nach Mexiko antrat. Nach einer Reihe von Schwierigkeiten und unvorhergesehenen Umwegen kam auch ich, dank der nimmermüden Hilfe unserer Freunde, ein halbes Jahr später in der mexikanischen Hafenstadt Veracruz an.

Eine andere Welt nahm uns auf. Keine Polizeischikane, kein Gefängnis, kein Stacheldraht, keine Todesgefahr. Abends eine Lichterflut in allen Farben. Nachts kein Sirenengeheul, kein Sausen von Bomben. Tagsüber konnte ein jeder von uns tun und treiben, was er wollte.

Verbot und befahl hier niemand? Hatten wir den Krieg hinter uns gelassen? Gab es das überhaupt?

Das gab es nicht. Der Krieg war in uns und mit uns über das Meer gekommen, noch ehe er Deutschland und Japan auch auf diesem Kontinent erklärt worden war.

In Mexiko waren wir nun endlich wieder für längere Zeit beisammen, eine große Gemeinschaft europäischer Antifaschisten. Neben der tausendköpfigen Emigration aus Spanien war die deutschsprachige Gruppe die zahlreichste und wies dazu noch eine Besonderheit auf: Sie vereinte eine ganze Reihe von Schriftstellern. Da war es nur natürlich, daß Zeitschriften gegründet wurden, sogar ein eigener Verlag mit dem bezeichnenden Namen El Libro Libre, Das Freie Buch, ein Heinrich-Heine-Klub, in dem Vorträge, Musikabende,

Vorlesungen stattfanden. Der nicht gerade kleine Saal in der Venustiano-Carranza-Straße war bei jeder Veranstaltung voll besetzt, manchmal, eigentlich recht oft, sogar übervoll. Wenn in den mexikanischen Tageszeitungen eine kleine Notiz erschien, daß Egon Erwin Kisch oder Anna Seghers im Club Enrique Heine sprechen werde, erschienen dort wohl auch der spanische Dichter José Bergamin und die Schriftstellerin Constancia de la Mora, der damalige Generalkonsul von Chile, Pablo Neruda, die einstige Abgeordnete der spanischen Cortés, Margarita Nelken, der Madrider Universitätsprofessor und hervorragende Übersetzer aus dem Deutschen, Wenceslao Roces, die mexikanischen Autoren José Mancisidor und José Revueltas, die Französin Simone Téry und der Amerikaner Ralph Roeder sowie Publizisten, Filmleute oder Literaten, die gerade, sei es auch nur vorübergehend, in der mexikanischen Hauptstadt weilten. Stand Kisch auf dem Podium, dann wußte man im Saal, daß an diesem Abend viel Interessantes zu hören sein werde und auch viel Lustiges. Man liebte den nicht mehr überaus rasenden, schon etwas bedächtigeren und ungemein witzigen Reporter für diese Kunst. Wenn Anna Seghers las, war die Erwartung ganz anderer Art. Man fühlte eine gewisse Scheu und Verehrung, die die Menschen dieser zarten Frau mit der unglaublichen inneren Stärke entgegenbrachten.

Wenn sie, die kurzsichtigen Augen zusammengekniffen, zumeist in einem dunklen Kleid mit einem weißen Krägelchen, das Podium betrat, wurde es still in den Sesselreihen. In ihren Händen gab es kein Blatt Papier. Sie sprach mit leiser und doch außerordentlich eindringlicher Stimme, ganz in sich zurückgezogen, öffnete kaum die Augen, holte ihren Text quasi aus sich hervor, war imstande, ein Kapitel, eine Novelle auf diese Weise vorzutragen und dabei in der Betonung kein Komma auszulassen, selbst keine Pause nach einem Gedankenstrich. Allmählich vergaß man die Menschen ringsum, hatte das Gefühl, mit ihr allein zu sein und als einziger der warmen Stimme zu lauschen.

Eines Abends stand wiederum eine Vorlesung von Anna Seghers auf dem Programm. Wieder war der Saal übervoll, mußten Stühle aus den Nebenräumen herbeigeschleppt werden, obwohl es draußen in Strömen goß. In Mexiko regnete es nicht sacht und leise, sondern sturzartig. Entlang der leicht erhöhten Gehsteige bilden sich in wenigen Minuten kleine Wildbäche, ein Netz von Wassersträngen verdeckt das Licht, von den Palmen und tropischen Bäumen mit dem weit ausladenden Geäst klatschen riesengroße Tropfen herab, zerstieben in kleinen Fontänen auf dem überhitzten Asphalt.

Acht Uhr. Anna Seghers war noch nicht da. Die Menschen im Saal warteten geduldig, die Veranstalter standen am Treppenabsatz, blickten abwechselnd zum Hauseingang und auf ihre Uhren.

»Ist Frau Seghers schon gekommen?« Eine ältere Dame schien bereits ein wenig unruhig zu sein. »Es regnet ja so sehr.«

»Nein, sie ist noch nicht da. Aber keine Angst, die läßt uns nicht im Stich, selbst bei einem solchen Wolkenbruch nicht.«

Weitere Minuten vergingen. Bodo Uhse betrat das Podium, beruhigte die Anwesenden, bei einem derartigen Hundewetter müsse man eine kleine Verspätung wohl in Kauf nehmen und Frau Seghers entschuldigen. Schließlich wisse man ja, wie unzuverlässig der Busverkehr sei.

»Was kann bloß mit der Anna los sein? Sie ist doch immer so pünktlich.« So ruhig, wie sie es dem Publikum vorspielten, waren die Freunde doch nicht. Schon war eine Viertelstunde vorbei, zwanzig Minuten, eine halbe Stunde.

»Egon, du mußt den Leuten etwas erzählen, wir können sie doch nicht einfach so dasitzen lassen.«

»Seid ihr verrückt?« Kisch rauchte im Korridor in kleinen hastigen Zügen, seine Frau Gisl bewachte den Treppenaufgang, Theodor Balk stieß ein Fenster auf, aber draußen waren nur pechschwarze Finsternis und das Rauschen des Regens.

»Wir zerfransen uns hier langsam vor Sorgen, und da soll ich den Leuten Witze erzählen? – Also gut.« Kisch drückte die Zigarette aus, als er die nervösen Gesichter ringsum sah, und wandte sich dem Saaleingang zu. In diesem Augenblick erklangen Schritte auf der Treppe.

»Na endlich!«

Aber es war nicht die ersehnte Frauengestalt, die aus der Dunkelheit trat. Ein Mann erschien am Ende des Korridors, eingehüllt in einen tropfnassen Regenmantel, wischte sich mit dem feuchten Ärmel über das Gesicht, blickte unschlüssig von einem zum anderen. Zögerte offenbar zu sagen, womit er gekommen war.

»Qu'est-ce qu'il-y-a?« fragte Rudi Feistmann mit gepreßter Stimme, der als erster in dem Ankömmling einen polnischen Emigranten erkannte. »Was ist passiert?«

»Anna Seghers hatte einen Unfall. Wir haben sie ins Krankenhaus gebracht.«

Kisch wandte sich wortlos dem Saaleingang zu und sagte drinnen die Veranstaltung ab.

Was wirklich passiert war, weiß man bis heute nicht, obwohl die Zeitungen in den nächsten Tagen sowohl in Mexiko als auch in den USA zahlreiche Vermutungen äußerten. Fest stand, daß Anna Seghers auf dem Weg in den Heine-Klub von einem Lastauto umgestoßen, schwer verletzt und auf der nassen Straße liegengelassen worden war. Dort hatten später – viel oder wenig später? – zwei polnische Emigranten die bewußtlose Frau gefunden und zum Glück auch erkannt. Wer aber hatte in den Abendstunden bei diesem Regenguß einen schweren Lastwagen in der Stadtmitte losgeschickt? Wie war es zu dem Unglück gekommen? Warum hat der Fahrer sein Opfer hilflos liegengelassen? Hat Anna den großen Wagen in ihrer Kurzsichtigkeit nicht wahrgenommen? Hat sie im Rauschen der strömenden Wassermassen auch sein Rattern und Dröhnen überhört? Hat der Fahrer gewußt, wen er umgestoßen hat? Hat er gehofft, daß die, gerade diese Frau nicht mehr lebt?

Hat ihn jemand zu der Fahrt mit einem so grausigen Ziel veranlaßt und dafür gut bezahlt?

Fragen. Fragen ohne Trost und ohne Antwort. Kein Krieg in Mexiko? Und die deutschen Kaffeeplantagenbesitzer an der Küste des Pazifiks, die, so hieß es und wurde später auch bestätigt, U-Boote des Dritten Reichs mit Treibstoff und Lebensmitteln versorgten? Als diese Tatsachen bekannt wurden, mußten die Kaffeepflanzer auf Anweisung der mexikanischen Regierung ihre Fincas verlassen und in die Hauptstadt übersiedeln, wo man sie angeblich besser überwachen konnte.

Vermutungen, fruchtloses Rätselraten. Die umgestoßene Frau auf der regennassen Straße war schließlich kein gewöhnlicher Flüchtling vor dem Kriegselend in Europa. Sie war Anna Seghers. Es war bekannt, woran sie in Mexiko arbeitete. Ihr *Siebtes Kreuz* war kein gewöhnlicher Roman, es war ein Aufschrei, der unüberhörbar wurde, eine Enthüllung und Offenbarung. Er enthüllte Verbrechen und offenbarte die Möglichkeit erfolgreichen Widerstands gegen sie.

Hat also in der Tat jemand den Fahrer mit dem schweren Lastwagen in die verschleierte Finsternis des Regenabends losgeschickt? War ein Unglück geschehen oder ein Verbrechen?

Fragen. Fragen, die wohl ohne Antwort bleiben.

Jenem schwarzen Abend folgten von Schlaflosigkeit gequälte Nächte und viele bange Tage. Vor dem Fenster des Krankenzimmers waren weiße Vorhänge dicht zugezogen. Auf dem einzigen, hochgeschraubten Bett inmitten des stillen Raums lag bewußtlos eine Frauengestalt, die geschlossenen Augen tiefblau und violett unterlaufen, den geborstenen Kopf in dickes Verbandszeug gebettet.

Draußen glühte die Sonne vom sattblauen Himmel. Auf den Straßen wimmelten Menschen, klatschten nackte Fußsohlen auf festgestampfte Erde, wippten maisgelbe Strohhüte auf glänzend schwarzen Haaren.

Jenseits des Gartenzauns, der das behäbige Gebäude von

der übrigen Welt trennte, hockten Indiofrauen am Rande des Gehsteigs, boten in weiße Tücher eingeschlagene Tortillas an, riefen ihren schwarzbezopften kleinen Mädchen und auf einen bescheidenen Verdienst lauernden Jungen (»... ich trag dir deinen Einkauf, Señora ...«) mahnende oder aufmunternde Worte zu, schwatzten über die Frauen am anderen Ende der Straße und fluchten ein wenig über ihre Männer, die in der Schnapsbude an der Ecke ihren Pulque schlürften, dazu über die brusthohe hölzerne Schwingtür schönen Mädchen nachguckten und ihnen Schmeichelworte nachriefen.

Die Frau in dem geräuschlosen Viereck des Spitalzimmers bewegte die Lippen. Lautlos zunächst, aber fast ständig. Rief sie jemanden? Was wollte sie sagen? Sie, die auch die innersten Regungen eines Menschen auszudrücken verstand. Nun stöhnte sie vor Anstrengung und brachte dennoch kein verständliches Wort hervor.

Die schlimmsten Tage, da kein Arzt zu sagen vermochte, ob Annas Lebensfaden der gewaltsamen Zerreißprobe standhalten würde, waren bereits verstrichen. Nicht einmal um ihr Leben kämpfen konnte die Arme in ihrer tiefen Ohnmacht. Und doch hielt sie stand. Aber die Sorgen waren bei weitem noch nicht vorbei. Wie würde das erhaltene Leben weitergehen, war doch der Kopf so schwer verletzt worden, dieses komplizierte, in unendlichen Nuancen vibrierende Instrument ihrer Kunst. Als sie endlich wieder imstande war, Worte zu formulieren, immer noch von der gefährlichen Umnachtung befangen, war es wirres, unzusammenhängendes Zeug, das Anna Seghers hervorbrachte. Damals beschlossen ihre Freunde, bei ihr aus eigenem Kreis Wachen einzurichten, damit stets jemand da sei, falls sie mit einemmal in deutsch einen Wunsch äußern oder ihre Umgebung wieder erkennen konnte. Vor allem waren es Frauen, die abwechselnd an ihrem Krankenlager saßen.

Mit großer Scheu übernahm ich meine erste Wache bei ihr. »Paß auf, falls sie etwas sagt«, hatte man mir eingeschärft,

»bisher war leider fast nichts zu verstehen.« Unruhig ließ ich mich an ihrem Bett nieder. Wie kam ich dazu anzuhören, was Anna wahrscheinlich nur sich selbst anvertraute, keinesfalls jedoch jemandem, der in diesem Augenblick zufällig bei ihr saß? Ich blickte in ihr entstelltes Gesicht, dachte an unseren »griechischen Abend« in Marseille, an ihr lustiges Lachen damals in jener so unlustigen Zeit, und nur allmählich wich meine Befangenheit. Ich hörte aufmerksamer auf ihr Geflüster. Sie murmelte etwas von einem langen Zug, dem sie offenbar nachzulaufen versuchte, dann wieder von einer Blume mit viel Licht, das sie störte, und war mit einemmal völlig übergangslos dabei, einen Salat anzurichten, um im nächsten Augenblick abermals über zuviel Licht und zuviel Dunkelheit zu klagen. Dazwischen gab es allerhand Unverständliches, ein Stöhnen, einen kleinen Schreckensschrei, gefolgt von einem tiefen Seufzer der Erleichterung. Ich saß wie festgenagelt auf meinem Stuhl, wagte kaum zu atmen, konnte nur fasziniert zuhören, wie es in ihr wehklagte, aber auch schon mit der bedrückenden Finsternis kämpfte und rang, und wie sich langsam einst Gesehenes und Erlebtes zu Bildsplittern zusammenfügte, ein hauchdünnes Gewebe, beinahe ein Nichts und doch schon etwas, der Anfang neu erwachenden Lebens.

Als sie mich Jahre später fröhlich aufforderte: »So erzähl doch, erzähl!«, habe ich mich nie getraut, ihr über diese Begegnungen, von denen sie ja nichts wußte, etwas zu sagen, denn ich bin niemals das Gefühl losgeworden, unaufgefordert und ungewollt in eine Sphäre eingedrungen zu sein, in die nur sie allein Einlaß gewähren durfte. Selbst die Erwähnung davon kommt mir auch jetzt noch fast ungebührlich vor, doch sie hat wohl ihre Berechtigung, weil jene Wochen des Seins und beinahe Nichtseins aus dem Leben der Anna Seghers nicht wegzudenken sind und weil ich ihren *Ausflug der toten Mädchen* so liebe, der, wie ich zu glauben wage, gerade in jener Zeit in seinen ersten Schattierungen entstand.

Als Anna endlich wieder zu sich kam und schon mit Sicherheit auf dem Weg der Genesung war, machten ihr Herr und Frau Lindau, ein älteres Ehepaar aus Deutschland, das mit Sohn Luis, auch Ludl genannt, vor Hitler nach Mexiko geflohen war und zu den besten Freunden unserer Gruppe zählte, den Vorschlag, sie möge sich im Garten ihrer kleinen Villa in einem Streckssessel erholen oder, wenn sie bereits wieder zu schreiben wünsche, an ihrem Gartentisch arbeiten. Annas Wohnung in der Avenida Industria (auch mein Mann und ich lebten eine Zeitlang in derselben kurzen Straße) befand sich ganz in ihrer Nähe, sie konnte in wenigen Minuten den sorgsam gepflegten, üppig blühenden Garten mit dem stets gastlich gedeckten Tisch im Schatten eines alten Nußbaums erreichen. Wenn Mutter Lindau Frau Seghers fürsorglich im Streckssessel oder am Gartentisch bei der Arbeit installiert wußte, konnte Anna dort völlig ungestört den ganzen Tag verbringen. Manchmal besuchten wir sie in den Nachmittagsstunden bei den Lindaus. Sie sah bezaubernd aus. Man hatte ihr im Krankenhaus das Haar abrasieren müssen, um die klaffende Kopfwunde zu untersuchen und zu versorgen. Nun war ihr Schädel mit einem dichten Stoppelfeld kurzer, silbrigweißer Haare bedeckt, ein breiter, ungewöhnlicher Schädel (»... so einen habe ich bisher nur bei Lenin gesehen«, brummte Kisch verblüfft), der zu dem feinen Gesicht in reizvollem Kontrast stand. Rings um ihren Liegestuhl gab es auf europäische Art angeordnete Beete, auf denen Blumen in tropisch leuchtenden Farben und ungehemmter Fülle wucherten. Drinnen, im ebenerdigen Wohnraum, im Zimmer von Luis und im Treppenhaus der kleinen weißen Villa, hingen Gemälde zeitgenössischer mexikanischer Maler, Orozco, O'Gorman, Guerrero, anderer. Auf ihnen erstrahlte dieselbe Farbfreude wie von den Blumen unter der heißen Sonne. Und dazwischen huschte Mutter Lindau einher, bot selbstgemachtes Vanilleeis mit heißer Schokoladensauce an, Ananasküchlein (»... hier gibt es ja keine Kirschen!«), liebevoll hergerichtete Schinkenbrötchen.

In dieser gut europäischen und zugleich auch mexikanischen Umgebung erholte sich Anna zusehends. Zunächst lag sie still in dem duftenden Garten, allmählich begann sie in ein Heft zu kritzeln.

Hat sie im Dämmerzustand ihrer Bewußtseinsstörung ihre Kinderzeit wiedererlebt? Hatten sich die Mädchen aus ihrer Schulklasse schon in ihr streng weißes Krankenzimmer eingeschlichen, oder hat sie sie erst zwischen den feuerroten, sonnengelben und nachtblauen Blumen in dem kleinen Garten herbeigerufen? Wer weiß. Sie schrieb damals ihren *Ausflug der toten Mädchen*, das allein zählt.

Es gibt noch eine zum Glück völlig anders geartete Episode aus unseren gemeinsamen Jahren in Mexiko, die mir unvergeßlich geblieben ist. Sie hängt mit der schon so oft beschriebenen Vorstellung von Egon Erwin Kischs *Der Fall des Generalstabschefs Redl* zusammen, die zu des Autors sechzigstem Geburtstag im Rahmen des Heine-Klubs von seinen Freunden zur Aufführung gebracht wurde. Schauspieler waren von dieser einzigartigen Theaterproduktion ausgeschlossen, die Darsteller durften nur Kischs Schriftstellerkollegen sein. Anna war sofort bereit mitzumachen. Nun gibt es aber in dem Stück eigentlich nur eine richtige Frauenrolle, die der Franzi, der jungen Braut des Leutnants. Zu meinem Entzücken wurde sie mir zugesprochen. Nicht, weil ich etwa ein besonderes Schauspieltalent, vielmehr, weil ich jung war. Aber den Spaß, Anna Seghers Theater spielen zu sehen, wollten wir uns natürlich auf keinen Fall entgehen lassen. So wurde ihr die Rolle der Baronin Daubek zugeteilt, die bei einem Gesellschaftsabend über die Bühne rauscht. Wie wir alle, so hatte auch Anna ihren Spaß an diesem Unterfangen und nahm ihre Rolle durchaus ernst. Kurz vor der Premiere besuchte das ganze »Ensemble« gemeinsam eine Leihanstalt für Theaterkostüme. Anna wählte dort sorgfältig ihre Toilette, verwarf ein schwarz-goldenes Abendkleid (»… das ist nicht schön, da dreht sich keiner nach der Baronin auch nur um …«) und entschied sich schließlich für eine violette Robe aus steifem Taft mit einem Besatz Silberspitze, dazu ein beinahe schlichtes, aber verwegen glitzerndes Diadem. Wir quietschten vor Vergnügen, als sie sich im Probierzimmer vor einem hohen Spiegel hin und her drehte, Hofknicks und angemessenes Kopfnicken übte, völlig unbegabt für diese Art von Kunst. Bei der Aufführung war sie natürlich ein Bombenerfolg. Kaum betrat sie die Bühne und führte ihren Hofknicks und die angemessene Verbeugung vor, prasselte auch schon jubelnder Applaus durch den Saal. Die Menschen waren glücklich, daß sie wieder wohlauf war, und begeistert, daß sie bei diesem Jux mitmachte. Als sie sich dann auch noch mit würdevoller Miene und Geste dankend verneigte, mußten wir auf der Bühne sehr aufpassen, um nicht aus der Rolle zu fallen und mitzuklatschen.

»Ich hätte nie gedacht, daß Frau Seghers auch so herrlichen Unfug machen kann«, hörte ich nach der Aufführung jemanden sagen. Hast ja auch nie mit ihr in Marseille einen »griechischen Abend« verbracht, dachte ich im stillen und freute mich wieder einmal, daß ich diese Erfahrung besaß.

Theodor Balk und ich waren im September 1945 die ersten Rückwanderer aus Mexiko nach Europa, denn es war uns geglückt, von einem jugoslawischen Frachter von Kanada aus bis an die adriatische Küste mitgenommen zu werden. Anna Seghers kehrte nach Deutschland zurück, allerdings beträchtlich später, erst Anfang Januar 1947. Die Behörden der USA legten militanten antifaschistischen Heimkehrern immer neue Schwierigkeiten in den Weg, die die Rückreise vom amerikanischen Kontinent zum europäischen ungemein erschwerten, ja zeitweise sogar unmöglich machten.

Wir ließen uns damals in Balks Heimatstadt Belgrad nieder und übersiedelten nach ein paar Jahren in meine Heimatstadt Prag. Hier sahen wir Anna nach dem großen Intellektuellentreffen in Wrocław im Jahre 1948 wieder, das den Anstoß zur Erneuerung der Friedensbewegung nach dem zweiten Weltkrieg gegeben hat. Eine Reihe von Teilnehmern an dieser historischen Zusammenkunft kehrte über Prag nach Hause zurück. Ella Winter, amerikanische Journalistin und Gattin des Schriftstellers Joseph Lincoln Steffens, eines bekannten Vorkämpfers gegen Korruption und für sozialen Fortschritt in den Vereinigten Staaten, wich damals nicht von ihrer Seite. Anna Seghers, mit einem Schlag weltberühmt durch ihren Roman *Das siebte Kreuz*, den die Amerikaner auch von der Verfilmung mit Spencer Tracy als Georg Heisler kannten, war in ihrer stillen Gesammeltheit ein wahres Gegenstück zu der temperamentvollen, von uneindämmbarer Unruhe gejagten Ella Winter. Vielleicht war es gerade dieser Gegensatz, der die beiden Frauen, wenn auch nur zeitweilig, einander nahebrachte. Ich erinnere mich, daß wir in der Halle des Prager Hotels Alcron zusammen Kaffee tranken. Die Winter konnte nicht stillsitzen, begrüßte jemanden am Nebentisch, wurde zu einem Überseegespräch in die Telefonzelle gebeten, rief einem Vorübergehenden eine Botschaft für eine dritte Person zu, rauchte eine Zigarette nach der anderen, wollte wissen, wie man im Nachkriegs-Prag lebt, wartete die Antwort nicht ab, weil ihr gerade einfiel, wie man die Friedensbewegung in Amerika richtig in Schwung bringen könnte – und legte plötzlich ihren Arm um die Schulter von Anna Seghers und sagte: »Ermüde ich dich? Du mußt mir nicht genau zuhören, bei mir ist nur jedes zehnte Wort wichtig, bei dir ist das anders, da läßt man sich auch keinen einzigen Punkt entgehen.«

Anna strich eine wirre Haarsträhne glatt, zog ein paarmal rasch hintereinander an ihrer Zigarette, lächelte und erwiderte: »Aber nein. Ich hör dir schon zu. Gewiß ist nicht jedes Wort wichtig, aber zusammengenommen haben sie schon ihr Gewicht. Jetzt laß mal den Frieden für eine Weile sein, und wir schwätzen ein bißchen von etwas anderem, ja?«, und dann fragte auch sie mich, wie man im Nachkriegs-Prag lebt, was die Menschen hier über Deutschland denken und wie es Theo, mir und unserem Kind geht.

In jenen Jahren begann Anna Seghers die Hohe Tatra zu

besuchen und verbrachte am Fuße dieses reizvollen, mächtigen Gebirgsmassivs einige Sommeraufenthalte. Sie fühlte sich wohl in dem altmodischen Grand Hotel in Tatranská Lomnica, war dort ein gern gesehener und aufrichtig verehrter Gast, bekam – wie einst die Adelsherren und ihre Damen – stets dieselben Zimmer für sich und ihre Familie. Sie saß gern auf dem Balkon vor ihrem Zimmer, schrieb, las, träumte vor sich hin. Auch die Einwohner des kleinen Ortes, der damals noch nicht so verrückt von Sommergästen und lauten Touristen wimmelte, wußten mit der Zeit, wer die schöne weißhaarige Frau war, die stundenlang allein im Naturschutzpark herumlief, sich manchmal auf einer der grob gezimmerten Bänke niederließ und etwas aufschrieb, oft aber nur die prachtvollen alten Bäume betrachtete oder das Farbenspiel am Himmel über den Zacken und schroffen Abgründen der Berge.

»Hör mal«, sagte Anna einmal zu mir, »eure dunkelgrüne Welt in der Tatra tut mir gut. Kannst du mir sagen, woher das kommt? Die Leute da oben sind freundlich, aber man spürt, daß sie schön wild sein können. Hast du Freunde in der Slowakei? Kennst du die dortigen Menschen?«

Da erzählte ich ein wenig von meinen slowakischen Freunden, einem Schriftsteller, der fast von der Schulbank weg zu den Partisanen in den Hochwäldern gegangen war, einem Maler, der in Frankreich in der Résistance mitgekämpft, einer Krankenschwester, die in Spanien, in Benicasím bei Dr. Friedrich Kisch, dem Bruder unseres Egonek, im Krankenhaus der Interbrigaden gearbeitet hat.

»Noch«, sagte Anna, als ich eine kleine Pause machte, »was weißt du noch?«

Jetzt erzählte ich von den Räuberballaden aus den Bergdörfern, vom legendären Jánošík und auch ein paar der neuesten Geschichten aus dem slowakischen Volksaufstand gegen die deutschen Okkupanten und ihre einheimischen Liebediener, in denen bereits Dichtung und Wahrheit verwoben sind, wirklich Geschehenes mit vielleicht unbewußt Dazufabuliertem. Sie hörte mir aufmerksam zu, nickte mehrmals zustimmend und lachte vergnügt über die wahren Anekdoten. Als ich schließlich schwieg, bemerkte sie, sie kenne das alles schon ein wenig, weil sie ja Weiskopfs *Vor einem neuen Tag* gelesen habe.

»Für einen Schriftsteller ist es ein Glück, wenn er vorauszudenken versteht, was dann auch wirklich geschieht«, meinte sie. »Der Franz kann das.«

Ende November des Jahres 1950 wurde in Warschau der Weltfriedensrat ins Leben gerufen. Der Kongreß fand in der großen Werkhalle einer soeben erbauten, aber noch nicht in Betrieb genommenen Druckerei statt. Am Vorabend dieser gewichtigen Zusammenkunft wurde noch dringend ein Dolmetscherteam benötigt und schleunigst aus Prag eingeflogen. Um neun Uhr abends hatte ich zu Hause einen Telefonanruf erhalten, ungefähr um zehn Uhr starteten wir in Ruzyne und kamen kurz vor Mitternacht in Warschau an. Rings um den Flugplatz gab es natürlich zahlreiche Lichter, aber dort, wo wir die Stadt zu erblicken erwarteten, lag tiefe Finsternis. Warschau hatte sich noch nicht vom Krieg erholt. Ein Minibus brachte uns durch trostlos dunkle Straßen zu unserem Quartier, einer Schule am Rande der Hauptstadt. Ich kannte Kriegsverwüstungen bereits von der zerschossenen dalmatinischen Küste und dem zerbombten Belgrad. Aber hier kam ein weiteres Grauen dazu. Die gähnende Leere des einstigen Ghettos, das Bewußtsein der Nähe von Auschwitz und Birkenau. Wir waren alle ziemlich wortkarg, als uns unser Minibus am nächsten Morgen in die Kongreßhalle brachte. Unterwegs kamen wir an Schuttfeldern vorbei. Nicht an Haustümpfen, Ziegelhalden und Resten eingestürzter Wohnhäuser, in Warschau gab es inmitten der Stadt zerstampfte und verkohlte Flächen, auf denen nichts mehr an einstige menschliche Behausungen erinnerte. Im Ghetto hatte die deutsche Wehrmacht alles gründlich mit Stumpf und Stiel ausgerottet. Ich schrak zusammen, als ich zwischen dem schüchtern da und dort hervorsprießenden Unkraut plötzlich eine Wohnungstür mit leicht verkrümmter, vielleicht von Flammenglut verbogener Klinke erblickte, flach dahingestreckt. Ein gewaltsam umgebrachtes Ding.

Endlich tauchte das fahnengeschmückte Portal der neuen Druckerei auf. Hastig und erleichtert stiegen wir aus.

Hier hatte man alles in großer Eile provisorisch und doch zweckmäßig eingerichtet. Zwar gab es weder reichhaltige Buffets noch komfortable Erholungsräume, aber genügend Schreibmaschinen und Telefone. Hatten wir im Laufe des Tages eine Ruhepause, so standen wir für eine Zigarettenlänge oder mit einer Kaffee- oder Teetasse in der Hand im langen Korridor, der den Hauptsaal mit den Nebenräumen verband. In dem kahlen Raum, den ein paar Plakate mit Friedensaufrufen kaum zu verschönern vermochten, war fast jeder Mensch, der geduldig um eine Erfrischung anstand, eine lebende Legende. Da gab es den schlanken Atomphysiker und Nobelpreisträger Frédéric Joliot-Curie, den über seine Schwiegermutter Maria Skłodowska-Curie verwandtschaftliche Bande mit Polen verknüpften, und die stille und dabei so energische Eugénie Cotton, gleichfalls Physikerin und »nebenbei« erste Präsidentin der nach dem Krieg gegründeten Internationalen Demokratischen Frauenföderation, die beide in dem neuen Weltfriedensrat höchste Ämter bekleiden sollten. Der Generalsekretär dieser jüngsten Körperschaft, der einstige französische Bäcker und nunmehrige Schriftsteller Jean Laffitte, hatte als Gefangener der Gestapo zu schreiben begonnen. Neben diesen dreien gab es noch Raymonde Dien, ein Mädchen aus Frankreich, das sich vor einen Munitionszug auf die Schienen gelegt, sowie den Matrosen Henri Martin, der das Auslaufen eines Kriegsschiffs mit seinem Körper zu verhindern versucht hatte. Langsam, ein wenig schwerfällig, aber ohne jegliche Hilfe bewegte sich der sowjetische Flieger Meresjew zwischen den vielen Menschen.

Er hatte im Krieg beide Beine verloren und dennoch das Leben und selbst den weiteren Kampf gegen die Unmenschlichkeit des Faschismus nicht aufgegeben. Boris Polewoi hat ihm mit seinem Buch *Ein wahrer Mensch* ein literarisches Denkmal gesetzt, Sergej Prokofjew diesen Stoff zu einer Oper umgestaltet. Die aufrechte Figur in schwarzen, kniehoch geknöpften Gamaschen, der Kopf mit den klugen Augen und einem weißen Haarkranz gehörten dem ehrwürdigen Dean of Canterbury aus England. Er führte gerade ein lebhaftes Gespräch mit seinem Kollegen, dem Metropoliten der russisch-orthodoxen Kirche, der mit seiner behäbigen Gestalt, dem langen schneeweißen Bart und den klaren blauen Augen wie der liebe Gott persönlich aussah. Zwischen ihnen huschten in leuchtend bunten Gewändern Abgesandte aus Indien, die zarte Pak Den-ai aus Korea umher, auch lateinamerikanische Friedenskämpfer waren da, die Dichter Kuo Mo-sho und Emi Siao aus China, der Romancier Jorge Amado aus Brasilien, Pablo Neruda, der Barde des chilenischen Volkes, und – wie denn auch nicht! – der unentwegt an seiner Pfeife nagende Ilja Ehrenburg aus Moskau. Unübersehbar, in eine bordeauxrote Pelerine gehüllt, die unruhige Ella Winter aus den USA, endlich – endlich! – erspähte ich auch den weißen Kopf und das liebe Gesicht von Anna Seghers.

»Tschibi!« sagte ich leise, als ich mich an sie herangearbeitet hatte.

Sie fuhr herum. So nannten sie doch nur ihre Angehörigen und nächsten Freunde. In dem internationalen Gewimmel hatte sie diese Anrede wohl kaum erwartet.

»Ach du!« Sie versuchte zu lächeln, und als sie mich umarmte und ich ihr liebkosend über das Haar strich, merkte ich, daß ihr Scheitel feucht von Schweiß war.

»Ist dir nicht gut?« fragte ich erschrocken. Die Berührung ihrer Haare rief in mir die Erinnerung an ihren armen, kahl rasierten Kopf im stillen Krankenzimmer in Mexiko wach.

»Nein, nein. Ich bin nur etwas müde. Können wir nicht irgendwo in Ruhe ein paar Minuten zusammen ausschnaufen?«

Damals in Warschau waren es wirklich nur ein paar Minuten. Denn wer immer vorbeikam, Gusta Fučíková, die Witwe des in Plötzensee hingerichteten tschechischen Journalisten Julius Fučík, der italienische sozialistische Senator Pietro Nenni, dessen flache dunkelblaue Baskenmütze vielleicht noch ein Souvenir an seine Teilnahme am spanischen Bürgerkrieg auf seiten der Republik war, oder der französische radikal-demokratische Abgeordnete Yves Farge – jeder wollte die Autorin des *Siebten Kreuzes* begrüßen, einige Worte mit ihr wechseln, eine Verabredung treffen. Sie lächelte freundlich, sprach ein paar Sätze französisch, versuchte es auch russisch, bemerkte etwas in spanisch und hielt sich dabei verstohlen mit einer Hand an meiner Jacke fest.

»Geh du jetzt nicht weg! Verstehst du schon, warum ich müde bin?«

Dann aber kam Professor Leopold Infeld – wiederum ein Physiker von Weltruf, diesmal aus Polen – und bat sie in seiner überaus eleganten und durchaus unablehnbaren Weise zu einer Tasse Tee in kleinem Kreis, und unser Tête-à-tête war vorerst zu Ende.

Einige Wochen später führte uns die Friedensbewegung erneut zusammen. Die erste Tagung des Weltfriedensrats, dem Anna Seghers seit seiner Gründung angehörte, wurde im Januar 1951 in Berlin abgehalten. Auch diesmal sollte die freiwillige Dolmetschergruppe aus Prag mit dabeisein. Zahlreiche Delegierte fuhren über die Tschechoslowakei zu der Tagung, deshalb wurden in unserer Stadt einem Zug einige Sonderwagen angehängt.

Als wir die deutsche Grenze erreichten, drängte sich alles an den Fenstern. Wie sah es jetzt aus, das Land, das den Krieg hervorgerufen und so jämmerlich verloren hatte? Auf dem Bahnsteig im Grenzort Bad Schandau stand eine Abordnung deutscher Friedenskämpfer zur Begrüßung bereit. Ich erkannte die hagere Gestalt von Ludwig Renn, den ich zum letzten Mal in Mexiko gesehen hatte. Er hielt dort Vorlesungen an der Universität in Morelia, war jedoch vor allem in der Hauptstadt tätig. Kennengelernt hatte ich ihn allerdings schon Anfang 1936 in Zürich. Nur wenige Tage zuvor war es ihm geglückt, aus dem Dritten Reich zu entkommen.

»Die Lenka aus Prag!« rief er, als er mich am Zugfenster erblickte.

Dann stieg er ein, hielt im Wagen eine kurze Begrüßungsansprache an die Gäste aus aller Welt, schüttelte rechts und links Hände und war sichtlich erregt, was mir das lebhafte Blitzen hinter seinen Brillengläsern verriet. Endlich stand er auch vor mir, schloß mich freundschaftlich in seine Arme und wiederholte: »Die Lenka! Unsere Lenka aus Prag!«

Ich war ein wenig gerührt und sagte deshalb schnell: »Na, wie befinden sich Eure Exzellenz, Graf von Hötzendorf?«

Bei dieser Erinnerung an sein schauspielerisches Debüt zu Kischs Geburtstag (er war damals übrigens der einzige, der es verstand, die geliehene Uniform mit entsprechender Würde und natürlicher Nonchalance zu tragen, was aufgrund seiner freiherrlichen Herkunft nicht sonderlich wundernahm) lachte er herzlich, wurde jedoch gleich wieder ernst. Der Zug hatte sich inzwischen erneut in Bewegung gesetzt, und wir näherten uns Dresden.

»Guck aus den Fenstern, tunlichst auf beiden Seiten«, sagte Ludwig leise, »das hier war einmal eine wunderschöne Stadt.«

Wir fuhren durch ein weit gedehntes Nichts. Fast keine Häuser, aber haushohe Schutthalden. Vom Wind aufgewirbelter weißlicher Staub. Ein Schornstein ohne Dach, ein Fabrikschlot auf freiem Feld. Auch jetzt mußte ich mich wieder an Belgrad erinnern, konnte jedoch einen Gedanken nicht abwehren, der mir wie eine Fliege im Kopf summte: Aber hier wurde der Krieg begonnen! Gewiß, diese Stadt und Tausende Menschenleben in ihr hätten nicht mehr vernichtet werden dürfen, die Niederlage Deutschlands war an jenen Tagen schon besiegelt. Allein die, die nahezu die Hälfte aller Häuser in Belgrad wegrasiert hatten, waren aus diesem Land gekommen. Hier wurde der Krieg begonnen.

Ich riß mich vom Fenster los. Ludwig Renn unterhielt sich mit jemandem spanisch, ich hörte den vertrauten Singsang seiner Sprache, der mir immer angenehm auffiel, und war mit einemmal sehr froh, gerade bei dieser Gelegenheit, und dazu noch von Ludwig Renn begrüßt, zum ersten Mal nach Deutschland zu kommen, das ich bisher vielleicht nur zweimal durchfahren und während der Nazizeit ein paarmal ganz kurz illegal aufgesucht hatte.

In Berlin gab es stürmische Wiedersehen mit alten Freunden aus Mexiko, mit Frauen aus den Holzbaracken im Lager Rieucros, mit einstigen »Prager Emigranten«, die zum Teil jahrelang in unserer Stadt gelebt hatten.

Als die Tagung begann, wurde ich dem Präsidium zugeteilt, übersetzte, was seine Mitglieder in ihren verschiedenen Sprachen bekanntgaben, wem sie das Wort erteilten, wenn sie etwas zu sagen wünschten. Die vielköpfige Zusammenkunft fand im Admiralspalast in der Friedrichstraße statt. Unsere Prager Gruppe wohnte unweit von hier in einer kleinen Pension. Ich kann mich nicht mehr erinnern, wo wir damals verköstigt wurden, werde aber nie den Weg vergessen, den wir mittags und abends zurücklegten. Schmale Straßen, nur da und dort von Häusern, zumeist jedoch von hochgeschichtetem Geröll gesäumt. Da und dort lagen Kränze mit schwarzen Schleifen.

Als Theodor Balk und ich im Herbst 1945 im jugoslawischen Hafenort Šibenik angekommen waren, in dem noch umgestürzte Häuserwände herumlagen, als ob hier die Faust eines bösen Riesen gehaust hätte, brachte uns nach mehreren Wartetagen ein kleiner Dampfer nach Bakar, zur nächsten Eisenbahnstation. Unterwegs legte er in Zadar an, weil der Abend anbrach und man entlang der noch immer von Minen gefährdeten Küste bei Dunkelheit nicht weiterfahren konnte. Wir gingen an Land und wollten irgendwo einen heißen Tee trinken. Aber in Zadar gab es kein Irgendwo. Nur Mauern ohne Dächer, leere Fensterhöhlen und bläuliches Mondlicht. Keinen einzigen Menschen, nur streunende Katzen.

In Berlin, am Anfang des Jahres 1951, gab es viele Menschen. Sie hasteten mit verschlossenen Gesichtern durch ihre Gespensterstadt, und wir, die »willkommenen Gäste des Weltfriedensrates«, zerbrachen uns den Kopf, was sie wohl dachten, wenn sie an den verschütteten, zum Teil noch nicht erschlossenen Kellern vorbeieilten, ihre Kränze mit den schwarzen Schleifen niederlegten, mit Hämmern die umherliegenden Ziegel abklopften und säuberlich aufeinanderschichteten.

Es war wie ein Schritt in eine andere Welt, wenn man das von Geschäftigkeit erfüllte und vielstimmig summende Foyer des Admiralspalastes betrat. Von meinem Platz auf dem Podium mit dem langen Präsidiumstisch konnte ich den ganzen, nicht allzu großen Zuschauerraum gut überblicken. An den im Parkett installierten Tischen saßen Männer und Frauen, die wir bereits in Warschau gesehen hatten. In den Logen und höheren Rängen waren Gäste, Journalisten, Filmleute untergebracht. Auch da hielt ich, und keineswegs vergeblich, nach bekannten Gesichtern Ausschau. Was war das doch für ein Aufbruch, in jenen ersten Wochen der neu erweckten Friedensbewegung!

Anna Seghers nahm an allen Sitzungen teil. Meistens trug sie ein dunkles, hochgeschlossenes Kleid mit einem weißen Krägelchen, das eine schöne, kunstvoll verschnörkelte Goldbrosche zusammenhielt. An manchen Tagen lag eine Kette aus mexikanischem Silber um ihren Hals. Anna war ihrer Familie vorausgeeilt, lebte damals noch allein in Berlin. Wenn ich am Morgen in das Tagungsgebäude kam, suchte ich sie zuerst auf, und wir plauderten ein wenig, ehe ich meinen Arbeitsplatz einnahm. Es war typisch für sie, daß sie nicht im Präsidium auf der Bühne zu sitzen wünschte. »Laßt nur«, hatte sie abgewehrt, als man sie bat, ihren Platz dort einzunehmen, »ich mache von hier aus auch ordentlich mit.«

Eines Morgens sagte sie zu mir: »Hast du mittags Zeit? Komm in den Kulturbundklub, wir essen dort zusammen und tratschen dabei ein bißchen.« Als ich am Mittag das Restaurant des Kulturbundklubs betrat, erblickte ich gleich vom Eingang Annas silberhaarigen Kopf, sie winkte mir auch zu, saß jedoch nicht allein am Tisch. Das verdroß mich ein wenig, mein Mißmut war aber gleich verflogen, als ich feststellte, wer ihre beiden Tischgefährtinnen waren. Neben Annas weißem Scheitel glänzte ein dunkler, und ich erkannte das straffe Gesicht Hellis, ihre großen dunklen Augen, die leicht hervorstehenden Backenknochen und den breiten Mund – Helene Weigel, die Schauspielerin und Frau Bertolt Brechts.

»Na, Lenka«, sagte sie, als ich näher kam, und lächelte mir über das ganze Gesicht zu, »was guckst du denn so? Schaudert es dich im zerrumpelten Berlin? In Prag warst du lustiger.«

In diesem Augenblick hatte ich allerdings nicht an das trostlose Durcheinander in der Stadt da draußen gedacht, vielmehr daran, daß verschiedene Menschen zwischen Helli und mir eine gewisse Ähnlichkeit festzustellen glaubten. Ein Rundfunktechniker in Prag, der mit mir bei einer Aufnahme von Brecht-Gedichten in der Wiedergabe von Helene Weigel mitarbeitete, hatte mich sogar gefragt, ob sie meine Schwester sei. Vielleicht ist wirklich etwas daran, dachte ich, als ich sie nun wiedersah, etwa um die Augenpartie und den breiten Mund.

»Kein Wunder, wenn es sie schaudert«, sagte die dritte Frau am Tisch. »Tag, Lenkachen, schön, daß man dich wieder einmal sieht.«

Die zarte Gestalt, der Kopf mit den hellen Augen und dem leicht rostbraunen Haar, das war Hilde Eisler, meine langjährige Freundin aus ihrer Prager und unserer gemeinsamen Pariser Emigrationszeit. Später hatte sie in den USA noch weitaus turbulentere Zeiten erleben müssen, als ihr Mann, der Politiker und Publizist Gerhart Eisler, von McCarthyisten verfolgt und sogar ins Gefängnis gebracht wurde.

Nun saßen wir zusammen um den kleinen Tisch, vier Frauen, jede mit ihrer besonderen Geschichte, jede voll von neuen, kürzlich erlebten kleinen Geschichten, die wir einander erzählten. Das Essen erforderte keine allzu große Aufmerksamkeit, um so beachtenswerter war, was ich dabei erfuhr.

Annas Roman mit dem hellseherischen und tröstlichen Titel *Die Toten bleiben jung* war bereits erschienen, der nächste, *Die Entscheidung*, vorerst im Entstehen. Eigenartig, ging es mir durch den Kopf, welche Titel sie ihren Büchern jetzt mit auf den Weg gibt.

»Und nach der *Entscheidung*?« fragte ich.

Sie verstand, was ich meinte, zog an ihrer Zigarette, ehe sie nach einer Weile antwortete: »Dann kommt schon noch etwas. Vielleicht *Das Vertrauen* oder so ähnlich.«

»Das Vertrauen?« Ich versuchte in ihrem Gesicht zu lesen. Vertrauen zur Zukunft? Zur eigenen Kraft? Zur Zugehörigkeit zu einer Gemeinschaft, die eine Wiederholung des vergangenen Wahnsinns und seiner Verbrechen unmöglich machen würde? Gab es überhaupt ein solches Vertrauen am Anfang der fünfziger Jahre dieses Jahrhunderts?

Anna rauchte und schwieg. Ich wagte keine Frage mehr.

Helli erzählte über das Theater, sprach über die Pläne des Berliner Ensembles, eröffnete mir, daß sie Abgeordnete der Volkskammer sei. Da brachte man uns ein Schüsselchen Kompott als Nachtisch, was sie dazu veranlaßte, Anna eines ihrer hervorragenden Wiener Kochrezepte zu verraten. Sie erwähnte auch ihren Sohn, der noch in Amerika weilte, zeigte mir ein Foto ihrer Schwiegertochter und sagte schließlich: »Warst du eigentlich schon bei uns im Theater? Was möchtest du sehen, die Mutter Courage?«

Damals sah ich zum ersten Mal den Vorhang mit Picassos Friedenstaube, fühlte die prickelnd anregende, unge-

Anna Seghers mit Hilde Eisler, Berlin 1949

wöhnliche Atmosphäre, die mich vom ersten Augenblick an das Befreite Theater meiner Landsleute Voskovec und Werich in den dreißiger Jahren in Prag erinnerte, obwohl hier alles doch so ganz anders war. Aber wahrscheinlich war es die Stimmung, die von der Bühne zwar unausgesprochene, dennoch allgegenwärtige Aufforderung, nachzudenken, selbst mitzumachen – in Prag vor Jahren bei der Verhütung des drohenden Unheils, im nunmehrigen Berlin beim Aufbau einer besseren Welt.

Hilde Eisler, die vierte am Tisch, betätigte sich als Journalistin, trug schwer am Verlust ihrer nächsten Angehörigen, die in Vernichtungslagern verschwunden waren, hatte in den Vereinigten Staaten tapfer eine Befreiungskampagne für ihren verhafteten Mann unternommen und war aufrichtig bemüht, sich in Deutschland neu einzuleben.

»Kannst du verstehen, daß das gar nicht so einfach ist?«

Ob ich das verstehen konnte!

Nun kam auch ich mit dem Erzählen an die Reihe. Meine Tischgenossinnen fragten mich über Jugoslawien aus, wollten Fotos meiner kleinen Anna sehen, erkundigten sich nach Balk, nach seinen und meinen Plänen, nach dem Leben vorerst in Belgrad und nunmehr in Prag, auch wie es Gisl Kisch ginge (unser guter Egonek war ja nun leider schon das dritte Jahr tot).

»Prag?« sagte ich. »Die Stadt ist zum Glück erhalten geblieben, das ist ein großer Trost, aber mir fehlen dort jetzt sehr viele Menschen, das ist ein ständiger Schmerz.«

»Jetzt paß mal auf«, meinte Anna nach einer Weile, »hier ist alles noch viel schwerer. Man muß so viel wegräumen. Die Trümmer auf den Straßen, aber das geht noch, schlimmer sind die Trümmer in den Menschen. Was immer man anpackt, muß eigentlich weggetan werden. Bei euch ist das anders, da kann man anknüpfen, etwas fortsetzen, muß nicht immer ganz vom Anfang an beginnen.«

»Das stimmt nur zum Teil«, wandte ich ein. »Bei uns ist zwar nur der östliche Teil der Republik, die Slowakei, unmittelbar vom Krieg zerstört worden, das stimmt. Aber Trümmer in den Menschen gibt es auch mehr als genug. Sie sind freilich anderer Art. Viele haben es während des sogenannten deutschen Protektorats gelernt, sich durchzuschlängeln, wer schlau ist, kann überleben, nur ja nie seine wirkliche Meinung äußern, die Ja-Sager nehmen überhand. Aber weiß Gott, was die Menschen wirklich denken.«

Anna hörte interessiert zu, dann blickte sie auf die Uhr. »Hört mal«, sagte sie, »die Lenka und ich, wir müssen jetzt gleich wieder lostoben, weil die Sitzung weitergeht. Und zum richtigen Tratschen sind wir gar nicht gekommen.«

Auf dem Weg in den Admiralspalast blieb sie mit einemmal stehen, kramte in ihrer großen Handtasche, holte eine Tafel Schokolade hervor (»... bring das deiner Anna ...«) und sagte: »Komm doch mal mit dem Theo und dem Kind her. Ohne Arbeit, nur so.«

»Auf griechisch?« fragte ich.

Sie kniff die kurzsichtigen Augen zu einem schmalen Schlitz zusammen, lachte und hakte sich bei mir unter. »Warum nicht? Hier kann man jetzt beinahe das Lachen verlernen.«

Jahre verstrichen. Die Trümmer auf den Straßen waren längst verschwunden, an ihrer Stelle gab es bereits neue Häuser und neue Straßen. Man schrieb das Jahr 1956, als ich mit meinem Mann auf Einladung des Deutschen Schriftstellerverbandes »nur so«, wie Anna gesagt hatte, nach Berlin kam.

Nach dieser Reise, die uns auch in verschiedene andere Städte der DDR führte, publizierten wir in tschechischer Sprache unsere Tagebuchnotizen. Über unser Wiedersehen mit Anna Seghers schrieb Balk:

»Mittags (10. 11. 1956) holt uns Anna Seghers in ihrem Wagen ab. Anna Seghers und Auto verband ich bislang nur mit Anna Seghers von einem Auto überfahren, in einer von tropischem Regen durchpeitschten mexikanischen Nacht, vom Fahrer achtlos auf dem Fahrdamm liegengelassen, wochenlang ohne Bewußtsein, bange Fragen an die Frauen, die Tag und Nacht bei ihr wachten, und dann, als wir sie schließlich zu Gesicht bekamen, eine neuartige Anna mit kurzem Haarrasen auf dem Kopf, wie das cropped-headed-Mädchen aus Hemingways ›Wem die Stunde schlägt‹.

›Wir sind wohl bald in Sachsen‹, sage ich unterwegs, als die Fahrt nach ihrem Adlershofer Heim kein Ende nehmen will.

Ein Heim ist es nicht, wenn man mit diesem Begriff ein eigenes Haus bezeichnet. Eine Wohnung in einem Miets-haus, in dem Dentisten, Fleischer und andere einfache Leute wohnen. Aber die Wohnung umfängt uns wie ein Heim. Un-gemein einfach. Dabei bequem, wohnlich. Warm. Viel Volks-kunst aus aller Welt.«

Und meine eigene Bemerkung aus demselben Buch:

»Unterwegs nach Adlershof begleitete ich Anna bei einem Einkauf in ein Wäschegeschäft. Aus der Art, wie die ältere Verkäuferin hinter dem Ladentisch erfreut lächelt und wie beflissen sie hin- und herläuft, schließe ich, daß sie ihre Kundin wohl erkannt hat. Schade, denke ich, eigent-lich hätten wir die Anna-Seghers-Verkaufsbrigade in dem HO-Warenhaus aufsuchen sollen. Dort, auf dem Alexan-derplatz, gab es im ersten Stockwerk gleichfalls Wäsche, Konfektion und Textilien. Die Regale und Verkaufspulte waren vollgestopft mit Waren. Im wahrsten Sinne des Wor-tes vollgestopft. Nette Wäschegarnituren und hübsche Wollwesten lagen da recht unansehnlich eingerollt und zu-sammengelegt. Um die äußere Aufmachung, um die ent-sprechende Zusammenstellung von Farben, um das Er-wecken der weiblichen Eitelkeit schien man sich hier herz-lich wenig zu kümmern. Und ausgerechnet über dieser Abteilung hing ein Schild mit der Aufschrift ›Anna-Se-ghers-Verkaufsbrigade‹. Wissen die jungen Mädchen und Frauen, die gleichgültig hinter dem Ladentisch mit den so lieblos aufgestapelten Wollsachen und Wäschestücken standen, wissen sie, wieviel Sinn für die Schönheit auch der einfachsten Sachen und Gegenstände gerade Anna Seghers hat?

Als wir dann am gemütlichen Kaffeetisch sitzen und das und jenes in dem wohnlichen Raum betrachten – die Holzschale mit der bunten brasilianischen Kette aus Obstkernen, das Foto der lachenden Amado-Familie an der Wand, ein gefiedertes Vögelchen aus China und Püppchen in den verschiedenen Trachten der Sowjetvölker – da habe ich in den bewegten und eindrucksreichen Tagen in Berlin plötzlich das Gefühl, zu Hause zu sein. Das macht das gute Gespräch und die nicht wegzudenkende Vertrautheit.

Anna ist unruhig, Ungarn macht ihr Sorgen. Auch erwägt sie – und dieser Gedanke durchflicht irgendwie alles, was sie sagt –, ob sie in den nächsten Tagen nach Stockholm oder nach Moskau fahren soll. Die Friedensbewegung muß jetzt, gerade jetzt, lebendig gemacht werden. Dann kommt Rodi, ihr Mann, der übermorgen auf einige Tage nach Warschau fliegt. Er fragt, ob Nachricht von Sohn Peter aus Paris da ist. – Mitten in der Welt steht der gemütliche Kaffeetisch von Anna Seghers.«

Einige Tage später waren Balk und ich Gäste bei einer Zusammenkunft des Deutschen Schriftstellerverbands. Mein Mann feierte dabei mehr oder minder stürmisch Wiedersehen mit alten Freunden vom Bund proletarisch-revolutionärer Schriftsteller aus den längst vergangenen Zeiten vor Hitler, vor dem zweiten Weltkrieg. Ich stand abseits und sah dem Treiben nur zu.

»Gleich beim Eintritt in das Gebäude des Kulturbunds, in dem die Sitzung stattfindet«, notierte ich in meinem Tagebuch, »verliere ich Theo. Er geht beinahe unter in den Umarmungen der vielen Freunde, die er hier seit Jahren – und was waren das doch für Jahre! – nun wiedersieht. Etwas verloren und erregt stehe ich am Treppenabsatz. Doch da kommt Jeanne Stern und nach ihr Anna. Glücklich lande ich im sicheren Hafen ihrer fürsorglichen Freundschaft und auf einem Stuhl zwischen den beiden.«

Dann beschrieb ich kurz den Verlauf der Zusammenkunft, bei der auch einige junge Autoren in den Schriftstellerverband aufgenommen wurden, verzeichnete das Auftreten von Paul Wandel und fuhr dann fort:

»In der Diskussion, die nun folgt, bittet auch Anna Seghers um das Wort. Auf ein winziges Zettelchen hat sie ein paar Notizen hingekritzelt, doch als sie spricht, blickt sie das Papier nicht einmal an. Große Unruhe und Sorge um das Schicksal, aber mehr noch um den Weg ihrer ungarischen Schriftstellerkameraden klingen aus ihren Worten. Dann geht sie auf das Problem der Kritik ein. Gewiß, offenes Bekenntnis zu begangenen Fehlern, doch Anna Seghers schließt warnend: ›Wir müssen dabei achtgeben, daß die Menschen auch etwas zum Lieben behalten.‹

Wie schade, denke ich, daß der Leningrader Schriftsteller Daniil Granin, der am Nebentisch sitzt, nicht jedes Wort verstehen kann und nur auf die sporadische Übersetzung seiner Begleiterin angewiesen ist. Sein aufmerksam gespannter Gesichtsausdruck verrät, wie sehr ihn diese Zusammenkunft interessiert.«

In dem Manuskript unserer beiden Tagebücher gibt es dann noch eine kurze Bemerkung von Theodor Balk vom 1. Dezember 1956:

»Am Abend bei Anna Seghers, Rodi ist auch da und auch Ruth. Ein Nachmittag in Mexiko kommt mir in den Sinn, da ich das kleine Mädchen Ruth in ein Lichtspieltheater ausführte. Es war eine billige Bude mit vielen Kindern und Lärm, und die Vorstellung wurde einige Male wegen irgendwelcher Störungen unterbrochen. Man zeigte einen Film von Frank Capra …

Das kleine Mädchen Ruth ist inzwischen Ärztin geworden und heilt nun andere kleine Mädchen.«

Bald werden dreißig Jahre vergangen sein seit jener Zeit, da wir in der von den Ereignissen in Ungarn erschütterten Zeit in Berlin waren und alte Freunde wiedersahen. Als Theo Balk im Jahre 1974 starb, schrieb mir Anna:

»Obwohl ich es wußte … hab ich weinen müssen, als ich es so schrecklich schwarz auf weiß vor mir sah, und mit

Aus einem Brief von Anna Seghers an Lenka Reinerová vom 11. April 1974 nach dem Ableben ihres Mannes Theodor Balk solchen Worten, ganz wie ich sie dachte … Von uns allen ist was Wichtiges weg. Das merkt man jetzt; wenn man nur immer spüren würde, wenn das Wichtige zusammen ist.«

In meinem Kleiderschrank hängt eine olivgrüne gesteppte Jacke. Sie kommt aus China, und Anna Seghers hat sie mir vor vielen Jahren, zusammen mit einer gleichfalls gesteppten schwarzen Hose, geschenkt. In einer Schublade meines Schreibtisches bewahre ich ein aus einem Notizblock herausgerissenes Blatt auf, auf das sie mit leicht unsicherer Hand ein paar chinesische Zeichen gemalt hat.

Ich war damals, im Mai 1978, nach Berlin gekommen, weil ich die Sammlung chinesischer Gegenstände und vor allem von Marionetten sehen wollte, die das Ehepaar F. C. und Grete Weiskopf der Ostasiatischen Sammlung der Staatlichen Museen gewidmet hat. Einen Nachmittag verbrachte ich bei diesem Aufenthalt in üblicher Weise an Annas Kaffeetisch.

Als ich das vertraute Wohnzimmer betrat, gleich von der Tür den weißen Kopf im großen Lehnstuhl erblickte und die schon recht kränkelnde Anna mit ihrer etwas verdeckten Stimme: »Lenka?« rief, wurde mir ganz warm ums Herz.

»Sag mal, was treibst du eigentlich bei uns in Berlin?« fragte sie, als ich sie in ihrem Lehnstuhl umarmte und dabei bestürzt feststellte, wie gebrechlich sie geworden war. »So komm doch, setz dich, erzähl!«

Da erzählte ich von meinem Besuch in der fernöstlichen Museumsabteilung, von den kunstvoll gearbeiteten Schränken und Kassetten, kleinen und größeren Skulpturen und vor allem von den filigranen, zum Teil recht komischen Marionetten für Puppen- und Schattenspiele in der von den Weiskopfs gestifteten Sammlung, die ich dort betrachtet hatte.

»Sie haben ganz merkwürdige Namen«, erwähnte ich. »Besonders ist mir ein Kerlchen mit hagerem Gesicht und spitzer Nase aufgefallen, das aber auch eine durchaus freundliche, beinahe liebenswürdige Miene aufzusetzen vermag und den Titel *Höllenbeamter mit auswechselbarem Kopf* trägt.«

»Wie? Sag das noch einmal!« Anna, deren fast durchsichtige Blässe mich anfangs so erschreckt hatte, lachte aus vollem Halse, sah mit einemmal jung und vergnügt aus. »Ein Höllenbeamter mit auswechselbarem Kopf? Hör mal, so etwas würde manch einem passen.«

Ich erwischte die Gelegenheit beim Schopf und sagte: »Du kannst doch Chinesisch, Tschibi. Kannst du auch lesen und schreiben?«

»Nimm doch noch ein Stück Kuchen«, erwiderte sie ausweichend, wie sie das zu tun pflegte, wenn sie eine Frage vorerst nicht zur Kenntnis nehmen wollte. Aber ich kannte sie zu gut, wußte, daß sie nur eine kleine Atempause einschob. Sie fügte auch bald hinzu: »Hast du ein Blatt Papier bei dir?« Und als ich ihr meinen Notizblock hinhielt und den Kugelschreiber dazu, malte sie langsam, mit einem undefinierbaren Lächeln um den geschlossenen Mund, ein chinesisches Zeichen auf das Blatt Papier.

»Das hier heißt Leben«, sagte sie, behielt den Block in der Hand und malte daneben ein weiteres, dem ersten recht ähnliches Zeichen: »Und das heißt Tür. Aber mehr weiß ich nicht«, und mit einer Miene, die keine Widerrede duldete, schob sie Papier und Stift von sich.

Wir haben an jenem Nachmittag zu dritt, denn Annas und meine gute Freundin Steffie, die Schauspielerin Steffie Spira, saß mit uns am Tisch, noch lange geplaudert, gescherzt und gelacht.

»Bist du nicht müde?« fragten wir immer wieder, und Anna schüttelte bloß den Kopf. »Ich sag es euch schon, wenn es soweit ist.«

Als es dann schließlich soweit war, bat ich sie, ob sie mir nicht ihren letzten Band Erzählungen *Steinzeit · Wiederbegegnung* mitgeben wolle, von dem ich durch die geöffnete Tür einen kleinen Stapel auf dem Schreibtisch im Nebenzimmer sah.

»Ja doch, komm mit hinüber, ich schreib dir was hinein«, sagte Anna fast eifrig, erhob sich sogar, was ihr damals bereits ziemlich schwerfiel, ging langsam nach nebenan, setzte sich an den Schreibtisch, beugte sich tief über die aufgeschlagene Buchseite und schrieb offenbar eine längere Widmung. Als sie mir dann verschmitzt lächelnd das Buch hinhielt, las ich: »Für Lenka, die Höllenbeamtin mit den auswechselbaren Köpfen. Anna Netty Mai 1978.«

»Im Ernst?«

Sie humpelte, auf ihren Stock gestützt, zurück zum Lehnstuhl, ließ sich aufatmend hineinfallen und sagte immer noch vergnügt: »Wenn das mein Ernst wäre, würde ich es dir nicht hineinschreiben und dir auch kein Buch von mir mitgeben, finstere Höllenbeamtin aus Prag. Komm bald wieder, man sollte sich des öfteren sehen. Ich kann ja nicht mehr fahren. Nächste Woche soll der Bürgermeister von Mainz zu mir kommen. Wie heißt er doch, Steffie? Ein ganz einfacher Name, aber ich merke mir jetzt besser komische. Wie heißt doch deine Tochter?«

»Anna.«

»Ach ja! Grüß sie schön von mir. Traurig, daß der Theo so bald von uns gegangen ist. Bleibt gesund, du und deine Anna, und komm bald wieder.«

Wir umarmten einander, und ich fühlte von neuem, wie dünn sie geworden war. Auf der Schwelle des Wohnzimmers blieb ich stehen, umfaßte den ganzen Raum mit einem Blick, winkte der in sich zusammengesunkenen und dennoch weiterhin schönen Frau im Lehnstuhl noch einmal zu, fing ihr kleines Lächeln auf und schloß leise die Tür.

Unten in der Volkswohlstraße strebten zwei alte Leutchen mit einer großen Gießkanne dem nahen Friedhof zu. Ein junges Mädchen lief mit einem kohlschwarzen Pudel in entgegengesetzter Richtung vorbei. Ich blickte noch einmal zu den Fenstern im zweiten Stockwerk auf. Die Toten bleiben jung, fiel mir dabei plötzlich ein. Ich versuchte diese jähe Eingebung abzuschütteln, obwohl ich unter allen anderen gerade diesen Buchtitel Annas stets für großartig gehalten habe und in vielen Zusammenhängen immer wieder an ihn erinnert wurde. Aber jetzt, im Schatten der grünen Linden vor ihrem Haus, hätte ich lieber an etwas anderes gedacht. Vergeblich. Es war wie ein Gruß.

Die Toten bleiben jung.

Bildnachweis

Archiv der Akademie der Künste, Berlin, Literaturarchiv, F. C.-Weis-
    kopf-Archiv, Nr. 460/1: S. 13, Nr. 184: S. 46
Archiv des Museums der tschechischen Literatur, Egon Erwin Kisch-
    Archiv, Prag: S. 71, 95
Aufbau-Verlag, Berlin, Fotoarchiv: S. 113 (Kurt Klingner), 115
Bundesarchiv, Koblenz, Bild 183/N 1113/336: S. 151 (Donath)
Lenka Reinerová, Prag: S. 157

In einigen Fällen konnten nicht alle Rechteinhaber ermittelt werden.
Berechtigte für Honoraransprüche wenden sich bitte an den Aufbau-
Verlag.

Lenka Reinerová
Närrisches Prag
Ein Bekenntnis
160 Seiten. Gebunden
ISBN 3-351-03040-1

Zauberhafte Liebeserklärung an eine Stadt

Lenka Reinerová erzählt vom Magischen, Zauberhaften und Einmaligen ihrer Heimatstadt, die bis heute Elemente der tschechischen, deutschen und jüdischen Kultur vereinigt. In unzähligen Anekdoten und Reminiszenzen spürt die letzte deutschsprachige Autorin Prags den Schicksalen von Häusern, Gassen und Zeitgenossen wie Egon Erwin Kisch nach. Wohin es Lenka Reinerová auch in ihrem wechselvollen, ereignisreichen Leben verschlug, stets empfand sie, daß all ihre überraschenden guten und schlimmen Erlebnisse mit ihrer Herkunft aus Prag zusammenhingen.

2002 wurde Lenka Reinerová Ehrenbürgerin von Prag.

AUFBAU VERLAGSGRUPPE
Weitere Informationen erhalten Sie unter
www.aufbau-verlag.de oder in Ihrer Buchhandlung

Lenka Reinerová
Mandelduft
Autorenlesung
1 CD. 79 Minuten
ISBN 3-89813-518-7

Die letzte Deutsch schreibende Schriftstellerin in Prag

Sie ist die Grande Dame der deutschsprachigen Prager Literatur - 90 wird sie und ist nach wie vor von unstillbarer Neugier auf die Schicksale des Menschen erfüllt. In »Kein Mensch auf der Straße« und dem Auszug aus »Mandelduft, Piratentuch und grüne Ringe« zeigt sich der leise und eindringliche Ton der Autorin auf bemerkenswerte Weise.

»Wenn Sie wissen wollen, wie Kafka gesprochen hat, hören Sie Reinerová zu.« KLAUS WAGENBACH

Mehr von Lenka Reinerova zum Lesen:
Mandelduft. Erzählungen. AtV 1781-2
Alle Farben der Sonneund der Nacht. Roman. AtV 2068-6
Das Traumcafé einer Pragerin. Erzählungen. AtV 1168-7
Zu Hause in Prag – manchmal auch anderswo. Erzählungen.
AtV 1695-6

DER>AUDIO<VERLAG **D>A<V**
Mehr Informationen erhalten Sie unter
www.der-audio-verlag.de oder bei Ihrem Buchhändler

Lenka Reinerová:
»Sie schreibt modern und besinnlich.« AUGSBURGER ALLGEMEINE

Lenka Reinerová wurde 1916 in Prag geboren. 1938 floh sie nach Frankreich, wo sie wie viele Emigranten interniert wurde. Über Marokko entkam sie nach Mexiko. Nach Kriegsende kehrte sie mit ihrem Mann nach Europa zurück, lebte seit 1948 wieder in Prag. 1952 wurde sie ein Opfer der stalinistischen Säuberungen, verbrachte fünfzehn Monate in Untersuchungshaft, wurde erst 1964 rehabilitiert. Nach dem Ende des Prager Frühlings erhielt sie Publikationsverbot, wurde aus der Partei ausgeschlossen und verlor ihre Arbeit in einem Verlag. Sie lebt in Prag. 2003 bekam sie die Goethe-Medaille.

Das Traumcafé einer Pragerin
Lenka Reinerová, eine der letzten Zeitzeuginnen der Emigration, beschreibt Stationen ihres Lebens – das Prag der dreißiger Jahre, das Exil in Frankreich und Mexiko, den Stalinismus in den Fünfzigern und jüngste Erfahrungen. Es sind menschen- und lebensfreundliche Erinnerungen, weise und wehmütig, trotz aller bitteren, furchtbaren Geschehnisse.
Erzählungen. 269 Seiten. AtV 1168

Mandelduft
Ob Lenka Reinerová von Gefängnisaufenthalten oder einer Krebserkrankung erzählt, einem Tag in Theresienstadt, von wo ihre Familie deportiert wurde, oder merkwürdigen Urlaubsbekanntschaften – ihre Geschichten

machen trotz allem Mut und strahlen Wärme aus. »Eines ihrer Geheimnisse scheint mir in ihrer unerschöpflichen Neugier und ungefälschten Teilnahme am Schicksal der anderen zu liegen.«
AUS DER LAUDATIO ZUR VERLEIHUNG DES SCHILLERRINGS 1999
Erzählungen. 144 Seiten. AtV 1781

Zu Hause in Prag – manchmal auch anderswo
Lenka Reinerová, die als Emigrantin umhergetrieben wurde, erzählt in drei Geschichten einmal mehr aus ihrem bemerkenswerten Leben und den Stationen ihres Exils. »Liebevoll-ironisch beschreibt die Ich-Erzählerin die hellen Seiten ihrer schwierigen Odyssee durch die Welt – und zeigt, daß die Fähigkeit, seinem Schicksal zu trotzen, im Individuum selbst begründet liegt.« SÄCHSISCHE ZEITUNG
Erzählungen. 189 Seiten. AtV 1695

Weitere Informationen über Lenka Reinerová erhalten Sie unter www.aufbau-verlag.de oder in Ihrer Buchhandlung

Magie, Traum, Wirklichkeit: Gegenwartsliteratur bei AtV

BARBARA FRISCHMUTH
Die Entschlüsselung
»Wie ein minuziös recherchierter Kriminalroman führt das Buch in die furchtbar schöne Steiermark mit ihren Originalschauplätzen der nicht allzu lang vergangenen Nazi Geschichte und weiter zurück in die mythische Vorzeit der Druiden.« NEUE ZÜRCHER ZEITUNG
»Barbara Frischmuth verdreht dem Leser mit einem ungewöhnlichen literarischen Puzzle den Kopf.« DEUTSCHLANDRADIO
195 Seiten. AtV 1943

HANSJÖRG SCHERTENLEIB
Von Hund zu Hund
Geschichten aus dem Koffer des Apothekers
»Die Geschichten enthalten ein Geheimnis, das Schertenleibs lakonische Beschreibungsprosa um neue, fast kafkaeske Nuancen bereichert. Manchmal verdichten sich die Alltagsdetails und spröden Aussagesätze zu einer somnambulen Magie.« TAGESANZEIGER
208 Seiten. AtV 1912

LENKA REINEROVÁ
Das Traumcafé einer Pragerin
In all ihren Erzählungen beschreibt Lenka Reinerová, eine der letzten Zeitzeuginnen der Emigration, Stationen ihres Lebens – das Prag der dreißiger Jahre, das Exil in Frankreich und Mexiko, den Stalinismus in den Fünfzigern und jüngste Erfahrungen. Trotz aller bitteren, furchtbaren Geschehnisse sind es menschen- und lebensfreundliche Erinnerungen, weise und wehmütig.
2003 erhielt Lenka Reinerová mit Jorge Semprún die Goethe-Medaille des Goethe-Instituts Inter Nationes für ihre stete Würdigung der deutschen Sprache und ihren Beitrag gegen das Vergessen.
Erzählungen. 269 Seiten. AtV 1168

KLAUS SCHLESINGER
Trug
Klaus Schlesinger treibt ein perfektes, suggestives Vexierspiel um zwei Identitäten und zwei Lebensentwürfe im geteilten Deutschland.
»Schlesingers letzter Roman schließt auf eine paradoxe Weise Anfang und Ende eines Lebenswerks zusammen. Schlesinger ist ein begnadeter Erzähler gewesen.« FRANKFURTER RUNDSCHAU
Roman. 190 Seiten. AtV 1785

Mehr Informationen erhalten Sie unter www.aufbau-verlag.de oder bei Ihrem Buchhändler

Sehnsucht und Wirklichkeit.
Literatur bei AtV

HANSJÖRG SCHERTENLEIB
Die Namenlosen

Christa Notter wird gejagt. Die 40jährige Frau versteckt sich in Irland und schreibt ihrer Tochter. Sie schreibt gegen die Zeit und um ihr Leben, denn sie hat die Sekte verraten, deren Mitglied sie war. Gekonnt verbindet Schertenleib das Thriller-Genre mit seiner einfühlsam beobachtenden, poetischen Sprache. »Knapper kann man eine Geschichte nicht erzählen, spannender auch nicht.«
BERNER ZEITUNG
Roman. 314 Seiten. AtV 1853

DETLEV MEYER
Das Sonnenkind

In seinen letzten Lebensmonaten hat sich Detlev Meyer an seine Kindheit erinnert, an die intensiven Momente des Glücks und der Geborgenheit. Der junge Held seines Romans wächst, wie der Autor, im Berlin der Wirtschaftswunderzeit auf, zwischen Neuköllner Schiffahrtskanal und Café Kranzler, das er mit dem geliebten Großvater besucht. Als der alte Charmeur stirbt, verändert sich die Welt des »Sonnenkindes«. »Ein fast märchenhaftes Buch vom Abschiednehmen.«
FRANKFURTER NEUE PRESSE
Roman. 188 Seiten. AtV 1938

RICHARD WAGNER
Miss Bukarest

Ein meisterlicher Roman über die rumänische Vergangenheit und die deutsche Gegenwart, erzählt von drei Protagonisten, die die verschiedensten Motive verfolgen: politische, poetische und kriminalistische. Der Tod einer faszinierenden und standhaften Frau ruft ihren ehemaligen Liebhaber als Detektiv auf den Plan. Ein unbestechliches Buch, das sprachliche Brillanz, Gedankenschärfe und Aufrichtigkeit vereint. »Spannend, von der ersten bis zur letzten Seite ...« F.A.Z.
Roman. 190 Seiten. AtV 1951

MARTIN MOSEBACH
Eine lange Nacht

Martin Mosebachs Roman erzählt nicht nur voller Ironie von einer überraschenden Selbstfindung, sondern zugleich von den Verunsicherungen und Variationen der Liebe. Ein Roman, »um dessentwillen man sich eine einsame Insel wünscht, auf der man es sich mit ihm gemütlich machen kann«.
LITERATUREN
Roman. 575 Seiten. AtV 1974

Mehr Informationen erhalten Sie unter www.aufbau-verlag.de oder bei Ihrem Buchhändler

»Erwin Strittmatter war der geborene Erzähler« N.Z.Z.

Die blaue Nachtigall oder Der Anfang von etwas

Diese vier Erinnerungen, zu einem Zyklus verbunden, sind Lebensbericht und literarische Erfindung zugleich, biographische Geschichten mit hintergründigem Witz und Humor. Erwin Strittmatter erzählt von seinem lesehungrigen Onkel Phile, davon, wie er seinen Großvater kennenlernte, von Pferdehandel und Pferderaub und schließlich von der blauen Nachtigall.
112 Seiten. AtV 5401

Grüner Juni
Eine Nachtigall-Geschichte

Esau Matt, der Ich-Erzähler aus der »Laden«-Trilogie, berichtet von seinen Erlebnissen fernab vom Familien-Laden: von seiner Odyssee durch karelischen Urwald, Ägäisches Meer und böhmische Kartoffelfelder, bis er heimkommt ins thüringische Grottenstadt, wo Frau Amanda im Begriff ist, eine Amerikanerin zu werden.
135 Seiten. AtV 5433

3/4hundert Kleingeschichten

Diese Kleingeschichten laden ein zum Blättern und Verweilen, zum Nachdenken und Wiederlesen. Ihre anregende Wirkung entsteht aus Lebenskenntnis, Naturverbundenheit und Entdeckungsfreude, aus Witz, Humor und einem tiefen Gefühl für Landschaft und Leute der Mark.
141 Seiten. AtV 5418

Geschichten ohne Heimat

Der Band mit Texten aus dem Nachlaß Erwin Strittmatters bietet eine dichte Sammlung unterschiedlicher Genres: von der »Kalendergeschichte« über Short stories bis zur intensiven Erzählung.
»Kleine Texte und doch die ganze Strittmatter-Welt: Pferde, Kiefern, Frostnächte, violette Himmel, Maiglöckchenhügel – und der ganz normale Wahnsinn namens Mensch.« DER SPIEGEL
Herausgegeben von Eva Strittmatter. Mit 8 Faksimiles. 239 Seiten. AtV 5436

Wie der Regen mit dem See redet
Das große Erwin-Strittmatter-Buch

Das Strittmatter-Lese-Buch zeigt den großen Epiker in seiner einmaligen Mischung aus Poesie, Philosophie, Weisheit und Humor. Die Auswahl aus dem Gesamtwerk zum Selberlesen und Weiterverschenken folgt Strittmatters Leben von der Kindheit über die Kriegs- und Nachkriegszeit bis zum Leben in Schulzenhof.
Hrsg. von Klaus Walther. 425 Seiten. AtV 5434

Weitere Informationen erhalten Sie unter www.aufbau-verlag.de oder in Ihrer Buchhandlung

»Brigitte Reimann bricht radikal mit Tabus.« TAZ

BRIGITTE REIMANN
Aber wir schaffen es, verlaß Dich drauf!
Briefe an eine Freundin im Westen
Selten sind eine Jugend und die Aufbau-Euphorie der fünfziger Jahre so plastisch geschildert worden wie in diesen Mitteilungen eines jungen Mädchens, in denen man die Schriftstellerin schon ahnt. 1952 brach die Korrespondenz plötzlich ab - man hatte sich auseinandergelebt. Als 1972 der Kontakt wieder aufgenommen wurde, konnte Brigitte Reimann nur noch ein bitteres Resümee ihres Lebens ziehen. »Ein kleines Ereignis, als Buch veröffentlicht.« DER SPIEGEL
Herausgegeben von Ingrid Krüger.
174 Seiten. AtV 1531

BRIGITTE REIMANN
IRMGARD WEINHOFEN
Grüß Amsterdam
Briefwechsel 1956–1973
Die Briefe, die Brigitte Reimann und Irmgard Weinhofen einander in bösen wie in guten Zeiten schickten, zeugen von einer besonders innigen Freundschaft, der auch die räumliche Entfernung nichts anhaben konnte. Diese Korrespondenz fügt bisher unbekannte Bausteine zur Biographie Brigitte Reimanns hinzu.
»Der Band liest sich beinahe so spannend wie ein Roman, weil er so gesättigt von Leben und Geschichte ist.« RADIOKULTUR
Herausgegeben von Angela Drescher und Dorit Weiske. 344 Seiten.
AtV 1937

BRIGITTE REIMANN
HERMANN HENSELMANN
Mit Respekt und Vergnügen
Briefwechsel
Für ihren Roman »Franziska Linkerhand«, in dem die Geschichte einer jungen Architektin erzählt wird, fand Brigitte Reimann einen kompetenten Gesprächspartner in Hermann Henselmann, dem renommiertesten und streitbarsten Architekten der DDR. Zwischen beiden entwickelte sich eine Freundschaft, die vom Respekt für das Metier des andern und vom Vergnügen an Disputen getragen war. Diese Korrespondenz ergänzt Lücken in den Tagebüchern Brigitte Reimanns.
Herausgegeben von Ingrid Kirschey-Feix. 120 Seiten. AtV 1539

BRIGITTE REIMANN
CHRISTA WOLF
Sei gegrüßt und lebe
Eine Freundschaft in Briefen
Brigitte Reimann und Christa Wolf lernten sich 1963 kennen. Es war der Beginn einer Freundschaft zweier eigenwilliger Frauen, die sich in ihrem Anderssein akzeptierten. Für beide waren es krisenhafte Jahre, durchzogen von persönlichen Konflikten, bedrohlichen Erkrankungen und politischen Spannungen. Vom Tod überschattet, handelt ihre Korrespondenz gleichwohl vom intensiven Leben.
Herausgegeben von Angela Drescher.
190 Seiten. AtV 1532

AtV

Willem Frederik Hermans bei AtV

»Die niederländische Literatur des 20. Jahrhunderts wäre ohne ihn undenkbar.« CEES NOOTEBOOM

Nie mehr schlafen

Der niederländische Geologe Alfred Issendorf verfolgt ehrgeizige Ziele: Er möchte berühmt werden und mit einer sensationellen Entdeckung Karriere machen. Zu diesem Zweck schließt er sich einer geologischen Expedition an, die ihn in den äußersten Norden Norwegens führt. Schritt für Schritt werden Issendorf die Grenzen menschlichen Tuns aufgezeigt; in einem verzweifelten Akt der Selbstüberschätzung beschwört der junge Mann eine Katastrophe herauf. Willem F. Hermans erzählt eine Geschichte von menschlicher Eitelkeit und notwendigem Scheitern – spannend bis zur letzten Seite.
Roman. Aus dem Niederländischen von Waltraud Hüsmert. 319 Seiten. AtV 2041

Die Dunkelkammer des Damokles

Den Laden des Tabakwarenhändlers Henri Osewoudt betritt im Mai 1940 ein Offizier der niederländischen Armee. Der Mann scheint Osewoudt wie aus dem Gesicht geschnitten. Als der geheimnisvolle Doppelgänger ihm wenige Wochen später Mordaufträge übermittelt, führt Osewoudt sie kaltblütig aus ... »Ein furioses Buch.« ZDF »Ein meisterhafter Roman.« F.A.Z. »Eine außergewöhnliche Wiederentdeckung der europäischen Nachkriegsliteratur.« ORF
Roman. Mit einem Nachwort von Cees Nooteboom. Aus dem Niederländischen von Waltraud Hüsmert. 415 Seiten. AtV 1940

Au pair

Die 19jährige Paulina kommt als Au pair nach Paris, ins Haus eines reichen Generals. Doch bald fragt sie sich, wozu diese Familie überhaupt ein Au-pair-Mädchen braucht. Schließlich wird Paulina in ein Familiengeheimnis eingeweiht und soll in sonderbarer Mission Vermögen ins Ausland bringen. Ein imposantes Buch über Sein und Schein, Wahrheit und Betrug. »Ein Meisterwerk der Weltliteratur.« DIE WELT
Roman. Aus dem Niederländischen von Waltraud Hüsmert. 495 Seiten. Gebunden. Gustav Kiepenheuer Verlag ISBN 3-378-00650-1

Weitere Informationen über die Bücher von Willem Frederik Hermans erhalten Sie unter www.aufbau-verlag.de oder in Ihrer Buchhandlung

Anna Seghers: »Die größte deutsche Erzählerin in unserem Jahrhundert.« HANS MAYER

Das siebte Kreuz
Aus sieben gekuppten Platanen wurden im Konzentrationslager Westhofen Folterkreuze für sieben geflohene Häftlinge vorbereitet. Sechs der Männer müssen ihren Fluchtversuch mit dem Leben bezahlen. Das siebte Kreuz aber bleibt frei.
»Der bedeutendste Roman, den eine Frau in deutscher Sprache geschrieben hat.«
MARCEL REICH-RANICKI
Ein Roman aus Hitlerdeutschland. Mit einem Nachwort von Sonja Hilzinger. 433 Seiten. AtV 5151

Transit
Flüchtlinge aus allen Ländern Europas treffen 1940 in Marseille ein. Sie hetzen nach Visa, Stempeln und Bescheinigungen, ohne die sie das Land nicht verlassen können. Unter ihnen der Ich-Erzähler, der eine schmerzliche Liebe zu einer Frau durchlebt, die nicht an den Tod ihres Mannes glauben will.
»Dieser Roman wurde zum schönsten, den Anna Seghers geschrieben hat.« HEINRICH BÖLL
Roman. Mit einem Nachwort von Sonja Hilzinger. 290 Seiten. AtV 5176

Aufstand der Fischer von St. Barbara
Als Anna Seghers 1933 aus Deutschland fortging, hatte sie zwei Bücher geschrieben. »Aufstand der Fischer von St. Barbara«, ihr erster Roman, war ein kleines Buch gewesen, dessen bestechende Dichte und nüchterne Schwermut, mit hoher erzählerischer Zucht verbunden, staunen machte, fesselte und die Verleihung des Kleistpreises an die Verfasserin rechtfertigte.
Erzählung. Mit einem Nachwort von Sonja Hilzinger. 119 Seiten. AtV 5150

Der Ausflug der toten Mädchen
Die berühmteste Erzählung von Anna Seghers, »Der Ausflug der toten Mädchen«, entstand wie die beiden anderen dieses Bandes im mexikanischen Exil. Auf eigentümlich schwebende Weise gibt sie eine traumhafte Vision wieder, in der sich die Erzählerin als Kind während eines Schulausfluges erlebt und zugleich als erwachsene Frau in Mexiko.
Erzählungen. 140 Seiten. AtV 5171

Hier im Volk der kalten Herzen
Briefwechsel 1947
Im April 1947 kehrte Anna Seghers aus dem Exil nach Berlin zurück. In ihren Briefen aus dieser Zeit ist sie auf sehr persönliche Weise kennenzulernen. Ihre Rückkehr ist keine Heimkehr, und sie ist unsicher, ob sie bleiben wird.
Herausgegeben von Christel Berger. Mit 12 Fotos. 281 Seiten. AtV 5172

Mehr Informationen über die Bücher von Anna Seghers erhalten Sie unter www.aufbau-verlag.de oder bei Ihrem Buchhändler

Der Meister des Subtilen: Franz Kafka bei AtV

Franz Kafka (1883–1924), geboren in Prag, Jurastudium an der Deutschen Universität Prag, das er 1906 mit der Promotion abschloß. 1908 trat er als »Aushilfsbeamter« in die Prager »Arbeiter-Unfall-Versicherungs-Anstalt« ein, wo er bis zu seiner vorzeitigen Pensionierung im Jahre 1922 arbeitete. 1914 schrieb Kafka am Roman »Der Prozeß«, 1922 begann er »Das Schloß«. 1923 übersiedelte er nach Berlin zu seiner letzten Lebensgefährtin Dora Diamant, einer aus Polen stammenden jungen Jüdin. Sein Freund Max Brod veröffentlichte nach Kafkas Tod die fragmentarisch hinterlassenen Romane und gab 1935–1937 eine erste Ausgabe »Gesammelter Schriften« heraus.

Der Verschollene

Was Karl Roßmann aus Prag in New York sucht, ist Arbeit und eine Unterkunft. Doch jede Bleibe verwandelt sich binnen kurzem in einen Ort des Schreckens. In immer kürzeren Fristen entpuppen sich Verwandte, Gönner und zufällige Weggefährten als bedrohlich. Statt nach oben führt ihn sein Weg in die Tiefe menschlicher Isolation.
Roman. 288 Seiten. AtV 1146

Der Prozeß

Auf der Suche nach seinem Richter entdeckt der Angeklagte plötzlich, daß das Gericht überall ist und ein Entkommen unmöglich. Auch der Leser gerät in den Sog einer unerhörten Spannung.
Roman. 262 Seiten. AtV 1046

Das Schloß

Als K. eintrifft, erscheint zunächst alles klar und übersichtlich. Doch bereits seine erste Handlung stellt sich als unerhörte Eigenmächtigkeit heraus. Vertraute Räume wandeln sich in Orte des Schreckens, und harmlose Nachbarn agieren als Handlager der Gewalt.
Roman. 319 Seiten. AtV 1047

Die Verwandlung

»Als Gregor Samsa eines Morgens aus unruhigen Träumen erwachte, fand er sich in seinem Bett zu einem ungeheuren Ungeziefer verwandelt.« Kafkas berühmteste Geschichte erzählt die Folgen dieser tödlichen Verwandlung für Gregor selbst, den einstigen Geschäftsreisenden, für Vater, Mutter und Schwester Grete.
Erzählungen. 196 Seiten. AtV 1048

Mehr Informationen über Franz Kafka erhalten Sie unter www.aufbau-verlag.de oder bei Ihrem Buchhändler